JN411997

햇살 넘치는 들녘

햇살 넘치는 들녘

박문신 제4시집

초판 1쇄 발행 2026년 1월 1일

지은이 박문신
펴낸이 장길수
펴낸곳 지식과감성#
출판등록 제2012-000081호

교정 이주연
디자인 이호진, 정윤솔
편집 정윤솔
검수 주경민, 이현
마케팅 김윤길

주소 서울시 금천구 벚꽃로298 대륭포스트타워6차 1212호
전화 070-4651-3730~4
팩스 070-4325-7006
이메일 ksbookup@naver.com
홈페이지 www.knsbookup.com

ISBN 979-11-392-3030-7(03810)
값 17,000원

지식과감성#
홈페이지 바로가기

박문신 제4시집

햇살 넘치는 들녘

박문신 제4시집

지식과감성#

목차

III. 즐거운 식탁

Ⅳ.

새봄을 맞으며

책머리에

시작(詩作)의 목표는 사람마다 각기 다를 것입니다. 내가 매일 시를 쓰고 있는 이유는 무엇보다 '나의 건강을 위해 좋을 것'이라는 생각에서입니다. 시는 문학의 장르에서 가장 어려운 부문이라고 합니다. 하지만 난 시를 쓰고 있다는 자체만으로도 즐겁고 행복하며 하루하루를 값지게 보낼 수 있다는 느낌에 만족감을 갖습니다. 시를 쓰면서 우선 하루하루가 지루하지 않고 끊임없이 무엇인가를 생각한다는 것은 나의 건강에 보탬이 된다는 굳은 믿음에 만족감을 갖습니다. 시작은 바로 내 마음을 치유(治癒)할 수 있는 보물이요, 첩경이라는 주장에 조금도 이의를 달 수 없습니다.

무릇 사람들은 누구나 '건강하게 살기'를 원합니다. 특히 노년이 깊어 가면 무엇보다 건강이 삶의 제1 목표임을 인식하고 노력하지만 가장 어렵고 힘든 문제임을 실감합니다. 어느 유명한 의사의 지적에 의하면 사람의 건강은 "마음의 관리가 80%, 나머지 20%가 음식과 운동에 의해 좌우된다."라고 말

했습니다. 그러니까 사람이 스트레스받지 않는 마음 관리에 집중하고 산다면 건강을 오래 바라는 만큼 유지할 수 있다는 지적입니다. 매사에 긍정적인 생각을 갖고 감사하면서 겸양의 미덕을 갖추고 살면 자연히 건강은 따라온다는 것입니다.

긍정적인 생각과 행동의 삶은 스트레스를 받을 겨를이 없습니다. 매사에 진취적이고 활발하며 타인의 말을 인정하고 존중하는 사람은 누구보다도 적극적이고 희생적이어 남에게 감동을 줄 것입니다. 항상 마음이 따스하고 온화합니다. 스스로 솔선해서 남을 배려하고 나눔에 앞장서는 데 주저함도 없습니다. 언제나 남이 싫어하는 일에 나서서 솔선수범하는 모범을 보여줍니다. 이렇게 긍정적인 삶엔 어둠이 깃들 곳이 없고 그늘이 들 틈도 없습니다. 가지려 애쓰는 사람보단 주기를 미덕으로 삼는 사람에겐 늘 행운이 따르는 것입니다.

시 쓰기, 시 읽기를 즐기는 사람은 자연히 스트레스받는 일로부터 멀어지는 삶에 익숙합니다. 긍정적인 생각을 갖고 살아가니, 남보다는 자신의 삶이 즐겁고 행복하다는 느낌을 진하게 느끼게 됩니다. 늘 간직하는 '마음의 상자' 속에는 외롭다든가 쓸쓸하다는 생각은 오가지 않고 '무엇을 할까, 무엇을 해야 한다'는 삶의 당위성의 심리가 지배합니다. 결국 그의 생각은 '샘이 깊은 물'과 같이 마름이 없는 풍족한 삶을 이어갈 것이 틀림없습니다.

시집 4권을 내면서 나의 '내면의 삶'은 더욱 풍족해졌음을 감지합니다. 이렇게 주저함 없이 단절하지 않고 시집을 내고 있음은 나 혼자만의 힘으론 절대 불가능하다고 생각합니다. 시집을 계속 낼 수 있도록 저를 도와주시고 힘이 되어준 아내를 비롯한 내 주변 사람들과 '지식과감성#' 출판사에 머리 숙여 감사의 인사를 드립니다.

2025. 12.
박문신 씀

Ⅰ. 마음의 향기(香氣)

마음의 손

머리 숙여 내미는 손
언제나 빈손 아니었지

남들이 고마워하는 손
늘 따듯한 손이었지

너와 내가 마주한 손
우린 빈손이 아니었네.

오가는 정 가득한 손
욕심 없는 따스한 손

내미는 손 따스하면
오는 손도 따스하네.

언제나 따스한 손
너와 나의 마음이다.

별과 나

밤하늘 별 보고
동심(童心)으로 돌아가
'별 하나 별 둘' 세어본다.
수많은 별들 반짝이는데
내 짝은 보이지 않는다.

빛나는 별들
모두 내 마음속으로 들어와
내 소망과 희망의 나래 달고
한밤중 별꽃의 화려함으로
내 꿈에 힘 실어준다.

산 너머로 떨어지는 별똥별에
내 시린 마음 가득 담아
한 아름 실려 보내면
그 별 내 별 되고
내 마음 달래준다.

무수한 의문의 별들
그 별들 존재는
어데서 왔다 어디로 가는지
아무리 내 별 만들려 해도
꿈쩍도 하지 않는다.

삶의 안목(眼目)

바로 보는 눈
자세히 보는 눈
무엇이든 꿰뚫어 보고
정곡을 찌르는 명확한
안목이 제일이다.

대충대충 보는 눈
삐뚤어진 눈
세상을 삐딱하게 볼 수밖에 없고
사회 혼란과 상호 대립 유발하여
독(毒)을 생산하는 인자가 된다.

예리한 눈이라도
막말과 한데 어우러져
가는 길 어둡고 혼탁하면
열린 문(門)이나 기회의 문
절대 안 열린다.

바른 눈으로
세상을 바로 볼 수 있으면
희망과 소망을 놓지 않는 눈
정의와 정도(正道)로 인도되어
정의 사회 구현에
올바르게 이바지한다.

그녀의 미소

미소는
즐겁고 행복할 때
만족하거나 흡족할 때
저절로 짓는다.

그녀의 미소는
빙긋이 환한 표정에
따스함 가득 품고
포근함도 사랑도 곁들인다.

그녀의 보조개는
미소와 환상의 조합이고
그녀가 지닌 아름다움을
가일층 빛내는
대들보이다.

그녀의 미소는
봄날의 진달래를 비롯해
여름의 능소화
가을의 들국화를
빼어 닮았다.

그녀의 방긋한 미소에
감사한 마음 그지없고
감동할 뿐이다.

마음 관리

내 마음 나도 몰라
나의 생각, 남에 대한 생각
내 마음 관리 어렵다.

내 자신에 대하여
긍정적인 마음 갖고
겸손 나눔에 충실하면
내 몸 면역력 강화되고
건강에 순기능으로 작용한다.

불안 걱정 원망의 마음
마음속 가득 찬 욕심
각종 병(病)의 요인 되고
불면의 마음 병 초래한다.

세상 보기 역겹다는 생각에
남에 대한 시기와 질투 능하고
늘 분노와 미움으로 대하면
몸 안에 기생하는 암세포와 세균
내 몸 공격하고
강력한 독성(毒性) 품어
염증이나 각종 질병 유발한다.

마음이 안정되면
병은 멀리 가고 건강이 보장된다.
장수의 비결을 위해선
내 마음 관리의 안정과 지속이
가장 긴요하다.

나의 소망

나이가 깊어 가니
무엇보다 건강이 우선이다.
지난해 건강하게 잘 넘겼으니
올해도 그랬으면….

무난하게 지난 1년
나에게 정말 고맙고 감사하다는 말
나를 진정 아끼고 사랑한다는 말
거듭 되뇌고 아로새기고 싶다.
내가 날 사랑해야지
누가 나를 사랑해 주겠나…?

새해엔
좀 더 다정한 마음으로
좀 더 따듯하게 대하고
좀 더 남을 도와주도록
'겸손과 나눔'의 마음가짐을
갖도록 노력한다.

세상이 조용해지기를
이제는 좀 바른길 찾아가도록
마음속 깊이 두 손 모아
간절히 기도한다.

노년의 삶

1.
깊어 가는 노년
아름다운 노년일 수 있으나
내가 선택한 행로가
바른길로부터 빗나가
불행의 늪에 빠질 수도 있습니다.

2.
항상 자기만 옳다는 고집불통의 노인
믿고 싶은 것만 믿는 오만의 성격
타인의 의견을 외면하는 성향
잔소리만 해대는 말버릇
화만 잘 내는 타협 불능의 노인
이런 노인들 남에게 배척만 받습니다.

3.
내 의견을 말할 때
겸손한 태도를 견지하고
상대의 의견 반박함을 자제합니다.
말하기보다는 듣는 쪽 택하고
이해와 존중의 태도 견지하며
시종일관 예의를 지키는 태도가
삶의 현명한 바른길입니다.

4.
노인의 기나긴 삶을
청초한 복수초처럼
진달래 꽃길같이 아름답게
꽃 순의 마력 빛남과 같이
만들고 가꾸도록
노력하고 정진하면
새로운 내가 다시 탄생합니다.

5.
올바른 노년을 위해
근면, 성실, 정직, 겸손을 기조로
삶의 정도(正道)를 걸으면
'영혼이 맑은 사람'으로 거듭나고
어느 땐 나의 삶에 뜻하지 않게
기적(miracle)도 일어납니다.

욕심, 욕망

사람들은 흔히
욕심 욕망에 불을 댕기고
마음속 깊은 곳에
굳건한 욕심의 똬리를 튼다.

나이가 깊어 가도
그칠 줄 모르고
거센 폭풍우 쏟아지듯
장맛비에 강물 불어나듯
한겨울 눈보라 몰아치듯
욕심 가득 채움을 즐긴다.

이와는 반대로
욕심 억제하면서
작은 꿈이라도 소중히 여기고
배려와 나눔에 정진하는
훌륭한 사람도 많다.

모든 고난과 재난은
치유와 경험의 과정을 통해
새로운 도약의 비전을 맞이한다.
숨 가쁜 변화 앞에
주저하지 않고
욕심, 욕망을 슬기롭게 자제하며

자기중심을 바르게 잡으면
바라는 소망과 희망은
빛을 내게 된다.

감동, 감명

감동, 감명의 차이는
감동이 느낌의 동(動)적이라면
감명은 정(靜)적인 면이 짙다.

감동을 주는 말과 행위는
가슴이 뿌듯해짐을 느낀다.
아름답고 고마운 행동을 보면
감격한 나머지
감동의 눈물까지 흘린다.

남을 위한 희생적 미담은
누구라도 이의를 달 수 없으며
모두가 공감하고 감동받는
뛰어난 모범적 행위이다.

베스트셀러 노벨상 작품을 읽으면
감명을 받는다.
삶의 의미 인간미 바른길을 안내하는
명쾌한 답을 얻어내
마음의 등불로 삼기도 한다.

감동을 주고
감명을 받는 삶
내가 만들고 내가 가꾼다.

대단한 것 아니더라도
알차고 값진 일 하나하나
실천을 반복하면
남을 감동시킬 수 있다.

인격, 덕행(德行)

인격과 덕행은
서로 밀접한 연계성을 지닌다.
남보다 덕행이 뛰어난 사람은
인격이 저절로 높아진다.

남을 위해 선뜻 나서는 사람
공공의 이익 위해 헌신하는 사람
봉사와 나눔에 앞장서는 사람
이들 덕행이 인격 상승으로 승화됨을
누구도 부인할 수 없다.

덕행의 수행은
주변으로부터의 칭송과 더불어
뭇사람에게 감동을 선사한다.
자신에겐 만족감과 함께
더 큰 덕행의 수행을 유도하며
덕행의 연속성을 지니게 한다.

덕행을 나누고 베풀 때
따듯한 배려
조그만 양보라도
겸손의 미덕을 보이면
본인이 느끼는 기쁨과 행복은
인격을 한 단계 더 높이고
품위도 갖추는 계기가 되며
선행의 반복을 유도한다.

동백꽃 마음

동백꽃 활짝 핀 모습
겹겹이 어우러진
붉은 꽃 화려함은
깊은 사랑의 언약을 품은 채
티 없는 순결을 상징적으로….

겨울 찬 바람에도
새봄 준비하라는 예고처럼
절망도 잊고 포기도 잊으라고
따스한 햇살 품 안에 가득 안고
그리움과 사랑의 복원을
애타게 기원하고 있네….

기다림의 애틋함에
한 아름의 불꽃 지피듯
활활 붉고 빨갛게 열정적으로
장수와 불멸의 열정도
사랑과 감사로 가득 안고 있네….

어지럽고 시끄러운 이 세상
동백꽃 마음 다소곳이 담아
편견에 미친 오기와 아집
나라의 정체성에 대한 상실감을
화해와 양보의 길로
불안감 잠재우는 길로
인도하고 싶네….

아내 사랑 찬가

노부부 간
짜증과 분란 일어도
스르르 자제력 돋우어
언쟁도 다툼도 없이
웃음으로 분장하면 좋다.

부부간 화합 위해
아내를 20여 년 젊게 보고
집 안 청소 쓰레기 버리기 전담에
가끔 밥, 찌개도 하고
주방기기 전자제품 조작 이외에
마트 가는 것도 전담한다.

봄비 온 뒤
화사하고 따스한 햇볕처럼
봄꽃의 설렘을 보듯이
가을의 대추나무 열매같이
언제나 말은 온화하게
아내의 잔소리에 불만 없도록
배려의 마음 다스려
정성을 다한다.

90세, 100세 갈 때까지
우린 두 사람 한 몸 되어

지금처럼 건강하게 사는 게
꿈이요 희망이요 바람이다.

아내 없는 삶은
암흑이요 지옥이란 말
금과옥조(金科玉條)로 삼고
건실하게 살아야 한다.

친구와의 대화

친구 간 대화는
진실, 진심이 담겨있어야 한다.
거짓이 있어서는 안 되고
미사여구로 일관해서도 안 된다.

가급적
상대의 말에 반대 의견을 내기보다는
긍정적으로 칭찬에 인색함 없이
동조한다는 태도가 좋다.

칭찬하는 말에도
따듯한 손길이 느껴짐이 중요하고
용어에서도 좋은 말 가려 가며
상대의 오해 없도록
단어 선택에 신중을 기한다.

절대로 비판적인 말이나
감정 섞인 말은
내비치지 말고
순수한 말로 짧게
내 의견을 담담하게 제시하는
신중한 태도가 좋다.

친구의 입장에선
친구의 말을 이해하고
밝은 음색 고운 말로
항상 미소 짓는 표정으로
서로 웃음꽃 피도록
항상 노력함이 좋다.

자투리 인생

삶의 자투리는
녹록지 않고 험난한 조각이다.
옷 만들고 남은 천처럼
아파트 단지 구석 남은 땅 몇 평처럼
이혼한 부부의 마음속 응어리 같다.

자투리의 입장이
막다른 골목일 수 있고
가파른 언덕의 마지막 절벽일 수도
만년 후보선수의 처지일 수도 있다.
반전(反轉)의 계기를 찾아보지만
자투리로부터의 탈출(脫出)이
결코 쉬운 일 아니다.

자투리를 인정하고
이에 만족하며 살 수는 없다.
자투리의 극복, 자투리의 탈출은
삶의 부단한 투쟁이며
삶의 새로운 경지를 개척하려는
생존(生存)의 몸부림이기도 하다.

자투리와의 결별은
복(福)과 운(運)보다는
갈고닦은 부단한 노력의 결과이다.

기쁨, 환희, 감동으로 맺어지는
자랑스러운 삶의 표본이며
기적을 창조하는 것이라면
그렇기도 하다.

외나무다리 건강

살아가다
외나무다리 수없이 만난다.
그때마다 건너면 성공이요
주저하고 포기하면
실패의 쓴맛을 본다.

외나무다리를 건널 땐
초지일관(初志一貫) 건넘을 위해
사방 가림 없이
눈 감고도 건널 수 있도록
반복해서 준비하고 대비하여
만전을 기해 건너야 한다.

지금 내 외나무다리는
건강을 지켜야 하는 다리이다.
내 다리에 건널 힘이 없다고
포기하고 안 건너면
모든 게 끝장이요
삶도 꿈도 영혼도 끝이다.

건강 외나무다리에서
삐끗 떨어질 경우
설사 다리 아래 물이 얕아
목숨을 유지한다 하더라도

죽은 인생이요
희망 없는 삶이다.

외나무다리 건강은
내가 만들고
내가 건널 수 있는 다리이며
내가 건너야만 하는
외나무다리이다.

삶의 얼룩·오점

잘못 들어선 길
이리저리 살펴봐도 아닌 길
내 인성, 양심으로 보아
납득이 전혀 가지 않는 길
일상의 오점이었네….

그쪽으로 인도하지도
억지로 강요하지도 않았는데
절제와 조심, 주의를 태만했기에
삶의 축(軸)이 기울어 얼룩지고
그 길로 가고 말았네….

꼬임에 무디었었지.
욕심의 끄나풀 자르지 못하고
남 믿는 데 익숙한 버릇도
평소 어수룩하게 보인 내 잘못도
얼룩의 인자가 되고 말았네….

정갈함의 벽이 무너진 날
성찰과 후회함이 난무한 날
얼룩·오점 인정하면서
뉘우침을 반전의 계기로 이용
훌훌 비바람에 실려
저 멀리 바다로 내보내면….

본연의 올바른 길은
내가 노력해서 되찾고
그 길로 정진하는 것도
바로 내 몫이다.

고독의 벗

피할까 말까
피하려 하면 할수록
외로움이 더 강하게 밀려오고
고독은 점점 깊어진다.

즐길까 말까
좋아하면 좋아할수록
고독의 맛은 더 달콤해지고
친근함도 더해간다.

미워할까 말까
미워하면 할수록
고독의 문이 더 열리고
새로운 진수를 느낀다.

버릴까 말까
버리지 않고 함께하면
고독에 더 깊이 묻히어
행복도 깊어진다.

고독과의 벗이
곧 행복이라면
그렇게도 생각된다.

우울, 불안

1.
살다 보면
근심하고 걱정할 때가 있다.
이유 없이 원인 모르게
점점 불안하고 우울해지며
짜증도 나고 초조해지기도 한다.

2.
불안이 심해지면
모든 게 다 싫어지고 당황하며
세상이 다 나를 버린다고 생각한다.
그쪽으로 자신을 몰아가는 상실감
이유도 원인도 과정도 모르게
우울감에 흠뻑 젖어 든다.

3.
우울과 불안의 연속은
일상의 생동감을 잃은 결과이다.
무력감에 잦은 불면증도 이어져
오늘 일에 대한 후회와 함께
내일 일에 대한 걱정이
반복되고 지속된다.

4.
우울증의 장기화는
만성의 신병(身病)으로 번지어
삶의 의욕을 잃을 우려가 있다.
누구에게나 자유롭지 못한
재앙이요, 독(毒)이요, 재난이다.

5.
내가 만든 병(病)은
내가 극복해야만 개선될 수 있는
마음의 병이다.
후다닥 우울과 불안의 늪에서
과감히 탈출할 수 있는
결의 결단 실행이 요구된다.

6.
사람답게 바르고
성실하게 열심히 살면
우울, 불안은 나로부터
점점 멀어져 간다.

노인 우울증

1.
노년이 깊어 갈수록
쓸쓸하고 외롭고 고독함 느낀다.
지나온 삶이 미련했고 불행했다는
자아비판에 후회하고
앞으로의 삶도 불확실하다는
미래의 불안에 전전긍긍(戰戰兢兢)한다.

2.
가족으로부터
멀어지거나 외면당하기 십상이고
친구들과의 관계도
만남이 뜸해지고 정도 엷어진다.
인지상정(人之常情)이지만
건강이나 돈 AI 능력 면에서 처지고
개선의 여지가 없음을 절감한다.

3.
불안이 만성화되면
심한 우울증이 찾아온다.
불면의 밤에다 이곳저곳 쑤시고
아픈 곳 점점 많아진다.
밥맛도 덜하고 운동도 싫어진다.
만사가 귀찮고 동작도 느려진다.

4.
우울증도
삶의 한 과정임이다.
해가 뜨고 서산에 지듯이
마음의 명암(明暗)도 반복된다.
지치고 우울한 마음
내가 만든 것으로
내가 깰 수 있는
내 마음의 병(病)이다.

5.
포기하면 끝장이다.
출로(出路)를 내가 찾아야 하고
내가 만들어야 한다.
내일의 서광이 그렇게 쉽게
찾아오지 않는다.

삶의 절벽

앞으로 나갈 길도 없고
뒤로 물러설 수도 없는
삶의 가파른 절벽

내가 만들어 놓았고
내가 극복 못 하는 절벽
올라갈 사다리도
날아갈 날개도 없다.

노력이 부족한 삶
앞가림도 부실한 삶
뒷심도 없는 삶

빈 들녘처럼
마음속 머릿속은
텅 비어있어 멍하니
앞만 바라본다.

아직도 갈 길은 먼데
절벽엔 갇히기 싫고
아래로 떨어지기도 싫다.

절벽을 오를
사다리와 날개를

다시 열심히 만들어
날거나 기어오르면
살아날 수는 있다.

말조심

말 잘못하면
남의 가슴에 못을 박거나
내 머릿속에 각인되기도 한다.
내 말이 남에게
약(藥)으로 득(得)이 될 수도 있으나
독(毒)으로 해(害)가 될 수도 있다.

나이 깊어 갈수록
말을 하기에 치중하기보다는
듣고 이해하는 편에서
나서거나 비판하는 자세를
금기시할 필요가 있다.

말할 때는 항상
말조심 입조심 하고
역지사지(易地思之)의 입장에서
남에게 감동을 안겨줄 수 있도록
말을 가리고 솎아서 선택하는
지혜로움이 요구된다.

'가는 말이 고아야
오는 말도 곱다'라는 옛말을
기억하고 되새기며
말조심 아무리 해도
지나치지 않음에 유념해야 한다.

마음의 벽

마음속의 벽이
워낙 굳고 단단하여
오를 수도, 깰 수도 없고
벽에 짓눌려 옴짝달싹 못 하네.

활짝 갠 하늘의 뭉게구름
구름 뭉치 어디로 금세 날아가는데
산 넘고 강 건너 지평선 너머로
내 마음속 응어리 벽도
순식간에 사라진 구름처럼
훨훨 날아갔으면….

사다리 놓고
용의주도하게 오른다는 생각
묘안 연구하고 깨달아
갈고닦아 소통하다 보면
마음의 벽 유연해져 낮아지고
광야로 나갈 수 있는
마음의 문(門) 활짝 열리겠지….

금단(禁斷)의 벽은
내가 만들고 내가 잠그고
강하게 만드는 우(愚)를 범해
나도 모르게 생겨난 것이다.

나갈 길도
마음의 벽 걷어내는 일도
내가 해야 할 일이다.

돈에 대한 한(恨)

노인들 대부분
돈에 대한 한(恨)을 비롯해
가진 것에 대한 한을 갖고 산다.

못 먹고 못 입던 시절
돈이란 삶의 구세주
희망이요, 구원의 대상임이
분명하고 그랬다.

아…!! 돈이란
세상에 최고의 가치를 지닌
금(金)이요 보물이라는 인식 갖고
돈 사랑하며 돈 벌기에 매진했으나
내 주머니 채우기 힘들어
원망의 대상이 되곤 했다.

돈에 대한 한은
내가 만들어 키우고는
그 한의 웅덩이 속에 묻히어
헤어나지 못하고 더 깊이 빠진다.
돈에 대한 지혜, 자비심을
잃어버리고 만다.

돈을 너무 사랑하거나
돈을 너무 적대시해도
현명한 처신이 아니다.
돈은 운(運)과 연계된다는 생각에
운에 의지해서도 안 되지만
운을 너무 무시해도 손해다.

자본주의 사회에서
돈에 한을 가짐은
좋은 점보다는 나쁜 점이 많다.
돈에 대한 한
가급적 멀리함이 좋다.

용서를 비는 마음

엊그제 갑자기
가까운 친구가 세상을 떠났다.
늙어서 친구 다 필요 없다지만
그 친구 모습 내 뇌리에서
떠나질 않는다.

그 친구 살아있을 때
난 무엇을 해주었는지
너무 부실하고 부족하지는 않았는지
자성(自省)의 잣대 들이대니
후회막급이다.

그 친구
너무 목말라할 때
주머니 비어 하소연할 때
좀 더 다가가고
좀 더 따듯하게 대하며
좀 더 주머니 털어 도와줄걸
지그시 눈 감고는
머릿속에 그 친구 그리며
용서를 구해 본다.

나의 뉘우침은
이제 와 부질없는 일이고

부끄러운 마음 짙어 가
내 답답한 가슴속
시리고 아플 뿐이다.

후회, 반성

사람들은 늘
욕심의 늪과 허기의 질곡에서
허우적대고 방황하며
세상 탓, 남 탓만 하고 산다.

파란 하늘 티 하나 없듯
맑고 깨끗하게 살자고 다짐하지만
마음 비우는 지혜 놓치고
오히려 혼탁함에 젖은 욕심에
끝내 자기 마음 다스리지 못하고
과오의 함정에서 허우적댄다.

대오각성(大悟覺醒)하여
꽃잎같이 풀잎처럼
허물 벗고 새롭게 태어나자고
어쩌면 계곡의 샘물 바다 이루듯
반성과 번뇌의 고통 이겨내자고
자신과 약속해 본다.

시련의 과정 통해
겸손과 나눔에 감사하는 나를
차곡차곡 만들어 나가며
노력하고 살면
파란 하늘도 내 편 되고 만다.

죽음의 의미

1.
누구에게나
죽음의 문은 항상 열려있고, 맞이합니다.
우린 결국 죽을 수밖에 없는
힘없는 존재이기도 하며
내가 죽기 싫어 외면한다고
죽음이 오지 않을 수 없습니다.
삶보다는 죽음이 더 멋있고 값진
불멸(不滅)의 길일 수도 있다는 주장에
깊은 연민의 정도 가져봅니다.

2.
산다는 게
무미건조(無味乾燥)할 때 많습니다.
무엇을 하기 위해 사는지
삶의 목표가 있기는 한지
우두커니 먼 산 바라보며
고독하고 외롭다는 쓸쓸한 느낌에
죽음의 문제를 깊이 생각해 보곤 합니다.

3.
노인으로
죽음이 목전에 다가왔어도
생사의 의미를 정확히 가늠할 수 있다고

주장할 수는 없습니다.
죽음보다 살고 싶은 마음 간절하더라도
죽음을 피할 수는 없습니다.
죽음도 즐겁게 맞이할
준비와 각오가 필요합니다.

4.
죽음이란
하늘이 내려주는 선물이지
내가 선택할 수 있는 게 아닙니다.
기꺼이 감사하게 죽음을 받아들인다면
죽음이 끝이 아니라
새로운 시작을 의미하는 영혼의 세계로
새롭게 진입하는 것
이게 바로 죽음일 수 있습니다.
이러한 의미에서 죽는 날까지
열심히 일하고 무엇이든
최선을 다하는 것이 가장 중요합니다.

5.
죽는다고 해서
모든 문제가 해결될 수는 없습니다.
아무런 준비 없이
죽었기 때문에

현안이 더 꼬이고 더 복잡한 문제를
남기고 갈 수도 있다는 걸
항상 명심해야 합니다.

Ⅱ. 아름다운 추억(追憶)

떠나간 친구

80대 중반 지나니
친구 하나둘 몹쓸 병으로
우리 곁 떠난다.

그 많은 친구들
어디로 가는지
왜 그렇게 쉽게 떠나는지….

대부분 암(癌) 또는
뇌졸중이나 치매, 낙상이다.
모두 불치병인 셈이다.

저승사자가 데려가는지
천국으로 가겠지
지옥행은 아님이 분명….

따라가지 않고
병들지 않으려면
몸과 마음 관리에
스트레스 안 받도록
더 집중하고 더 열심히….

평안히 지내시길
나도 곧 갈 것이니
그때 만나세….

칼국수 모정

이른 여름날 엄마는
검정 고무신, 고등어 한 마리 사려
귀한 쌀 한 말 질끈 머리에 이고
역전 장터 잽싸게 다녀오신 후
후루룩 칼국수 빚는 솜씨 뽐내어
자식들 배고픈 소리 꾸르륵꾸르륵
급히 달래주었네….

엄마의 손으로
정성 들여 빚은 칼국수
말간 멸치장국에
양념장 호박나물 곁들여 맛 내고
빨간 실고추 엷게 썰어 넣어
새콤한 맛에 매운맛 섞으니
맛깔 나는 애틋한 그 맛
지금도 목구멍 메네….

엄마는 자식들 위해
허기진 배를 움켜잡고는
덜 먹는 엄마의 간절한 그 마음
그 아련한 추억
눈물의 한(恨) 맺힌 칼국수 곡
꿈엔들 잊으랴
잊을 수 없고 잊지도 못하네….

며느리의 강(江)

며느리는 어렵다.
알 듯 모를 듯
깊고 좁은 강이 가로놓여 있다.
어렵게 강을 건는다 하더라도
높은 절벽 가로막아
도강(渡江)의 효력 없다.

가족 내에서 며느리는
사사건건 선(線)을 긋고 산다.
며느리라는 직(職)에 의무적일 뿐
화합이나 협력, 협의와는 무관
가급적 시집 식구와 부닥치는 걸
싫어하고 피한다.

요즘 시어머니는
며느리와 생겨난
강을 건너려 하지도 않고
대립각 세우려고 하지도 않는다.
점점 멀어져만 가는 관계
섭섭하고 아쉽다 하지 않고
그러려니 하고들 산다.

'아들은 남이다'라는 말은
며느리가 남이니

아들도 며느리와 함께
남이 되어간다는 뜻이고
사실 그렇기도 하다.

친구와의 약속

얼마 전 갑자기 떠난
그 친구와 주고받은 이야기
이젠 옛이야기 되고 말았네….

우린 앞으로 건강하게
'5년은 더 살자'고 90까지
그 말 아직도 귓속에서 윙윙 맴돌고
여전히 서성이고 있네….
저 멀리 허공으로 사라진 친구
홀연 내 앞 스쳐 지나간다.

헤어짐과 그리움 섞이어
불현듯 그 친구 잔영(殘影) 나타나
그의 훈훈한 말도 또렷이 기억 속에
쌓인 정, 모은 정 그득함 그대로
그지없이 변함없네….

이렇게 나만이라도
'나이는 숫자에 불과하다'는 속담 되새겨
친구와의 약속 도루묵 안 되도록
허망, 초조함, 슬픔일랑 다 잊고
노화를 늦추고 노추를 외면하는
기적의 나를 만들면….

또 하나의 나는
기적같이 탄생할 수 있다.
그럴까, 복(福)과 운(運)도
준비된 자의 것이라 했다.

첫사랑 그녀에게

1.
개울가 벚꽃 만발에
내 마음 화사하게 부풀어 올랐습니다.
산골짜기 진달래꽃 수려하고
개나리꽃 수놓은 은은함에 놀라
첫사랑의 추억 되새겨
당신에게 필을 듭니다.

2.
우린 언제나
온갖 꽃 피어날 때
둘은 하나가 되었고
눈 속의 복수초, 해변가 해당화처럼
꽃잎 닮은 당신의 모습
언제나 청초했고 아름다웠으며
바라만 보아도 즐겁고 행복했습니다.

3.
당신이 헤어지자고 하면서
'주제넘은 짓이라 탓하지 말라'고 할 때
'진실이고 변명이 아니라'고 강조할 때
'언제 어디가나 건강하시라'고 할 때
난 하늘이 무너짐을 느꼈고
세상은 날 버렸다고 생각했습니다.

4.
60여 년 지난 지금
그동안 한 번도 만나지 못했고
한마디 소식도 접하지 못했지만
잊을 수 없는 당신과의 추억
애절하고 슬펐던 우리의 사랑
그 행적에 대해선
그 어느 때인들 그 어느 경우이든
잊을 수 없습니다.

5.
꿈속에서
어쩌다 당신을 만나곤 합니다.
그 옛날 그대로의 당신이 맞습니다.
살아있는 이 세상에선 영영….
우린 먼 훗날 하늘나라에서
다시 만나기로 합시다.

정다운 집

오만가지 정이 듬뿍 든 따사로운 내 집
난 아내와 오래도록 이 집에 살고 있소.

정말로 떠날 수 없고 떠나기도 싫으오.
떠나야 한다는 그날이 안 왔으면 싶소.

나와 아내는 80대를 넘은 노인 중 노인
어느 날 갑자기 병약해질지도 모르오.

정다운 집에서 꼭 떠나야 할 사정이라도
살아갈 수 있는 날까지 버텨 볼 작정이오.

내 방, 화장실, 거실, 부엌 다 정든 내 집
어느 것 하나 버릴 것 없는 나의 귀중품

내 인생의 말기와 건강을 보장해 준 이 집
난 이 집에서 마지막 숨을 거두길 원하오.

아내와 나는 다른 길 없다고 다짐했다오.

장맛의 내력

어느 집 장맛은
그 집 엄마의 손맛이요
집안 내력(來歷)의 산물이 맞다.

예로부터 마을에서
장맛 으뜸이란 평이 난 집은
집안의 대소사(大小事)로부터
자식들 출세에 이르기까지
장맛과 함께 흠잡을 데 없음을
마을 사람 자타가 용인한다.

장맛 좋은 집
김치 맛도 일품이기 마련이다.
김장철 그 동네에서
그 집 마님이 김장 도움을 원하면
그 사람은 영광이요 축복이라고
매김 되고 자랑까지 하였다.

금년에 우리나라 장 담그기는
유네스코 인류무형문화유산 대표 목록에
등재되는 영광을 안았다.
된장 고추장 간장으로 대표되는
'장 담그기'는 지식, 신념, 기술이
모두 포함된 우리들 집의
소중한 연례행사이다.

복(福)이 따르는 집

예로부터 집터의
지세(地勢)와 환경이 좋으면
인물 나고 집안이 날로 번성한다는
평을 받곤 했다.

산소 자리를 정할 때도
지관(地官)을 통해 의견을 들어
풍수지리(風水地理)를 점검하는 풍습
지금도 일상생활에 남아 있다.

아파트 입주, 매입할 때도
향(向)과 층이 중시되고
판매에도 가격 합의에 유리하며
건강 유지를 위해서도
좋다고 한다.

살고 있는 집이
아무리 환경이 최고라도
복(福)과 운(運)이 이루어짐은
내 하기 나름이요, 저절로는 없다.
생명력과 기운은 얼마든지
내가 만들고 극복할 수 있다.

복(福)이 따르고
오래오래 살 만한 집은
내가 가꿀 수 있고
내가 만들 수 있다.

귀성길

고향 찾아
부모님 찾아뵙는 길은
그리움과 설렘이 가득 찬
겹겹이 쌓인 경사(慶事)이다.

일 년 내내 아니 몇 년 동안
고향과 부모님 멀리하고 살아온 나
마을 앞 가로지른 도랑가 우물도
뒷동산 계곡의 옹달샘 샘물도
모두모두 내 것 아닌 양
잊고 지내고 살았다.

모처럼 아들딸 손자들
집안 내 식구들 안방에 다 모여
세배 주고받는 정다운 덕담에
온 집안이 화기애애(和氣靄靄) 일색
근심, 걱정은 오간 데 없네….

반질반질 검은 가마솥에
가득 끓인 떡만둣국
시어미 솜씨에 며느리 도움 보태
한 그릇씩 정답게 나누니
쌓인 정 기른 정
스르륵 녹아나며 깊어지네….

숲속을 거닐면

1.
마음이 맑아진다.
나무 사이로 들어오는 햇빛도 밝고
바람도 시원하여 가슴 트이며
새소리 물소리 바람소리마저 정겨워
즐거움 가득해진다.

2.
자성(自省)의 시간이다.
조용한 숲속은
자신의 잘잘못 뒤돌아보게 하고
지금까지의 삶보다는
미래의 삶이 더 값지고 중요하다는
알람의 역할도 한다.

3.
자연과 하나가 된다.
소나무 참나무의 진한 향에 함몰되면서
인간도 끝내는 흙으로 돌아간다는
자연의 진리를 깨닫게 된다.
삶의 본능적 욕구에 대한 의지는
자연이 주는 선물이다.

4.

사랑을 일깨운다.
걸으면서 느끼는 마음은
회춘(回春)의 효과와 더불어
삶의 의욕을 높여주고
감사와 배려의 마음과 함께
사랑하며 살아야 한다는
경구(警句)를 떠올리게 한다.

싸리문

시골 옛집 싸리문은
엄마가 소중히 여긴 대문으로
깊은 산 싸리 직접 베어온 것
이웃집 아저씨 손수 만들어 주셨고
얼기설기 엮어 만들었지만
제법 멋을 낸 문이었다.

장독대 옆 대추나무 가지와
싸리문 기둥에 빨랫줄 이었다.
참새, 제비가 빨랫줄에 앉아
지지… 짹짹 지저귀는 소리가
집안의 평온(平穩)을 불러왔다.

싸리문은 항상 열려있었다.
잠금장치가 없기도 했지만
엄마가 닫지 말라 했고
대문을 닫을 필요도 없었으며
그게 그 시절의
시골의 정다운 풍습이었다.

초가집 뒤쪽 아담한 장독대
싸리문에 양쪽으로 이어진 울타리
처마 밑의 아담한 제비집
집 앞의 도랑과 작은 뒷산

이들이 어우러진 모습은
한 폭의 아름다운 풍경화이었다.

옛 초가집은
나의 가장 행복했고 평안한
어린 시절 집이었고
내 삶의 꿈과 낭만이 어린
삶의 터전이었다.

옥수수 향수(鄕愁)

1.
가난과 배고픔에
이웃과 늘 나누어 먹던 시절
앞마당 가 대추나무 아래 멍석 깔고
옆집 뒷집과의 저녁 옥수수 잔치
그 모습 그립고 아련하다.
산골짜기 천박한 땅의 옥수수
옥수수 따온 게 넉넉지는 못했어도
엄마는 가까운 이웃과
대화의 장, 나눔의 정 위해
때때로 옥수수 잔치 베풀었다.

2.
순이와 옥이도 있었고
뒷집 아저씨 옆집 아주머니도
서로서로 아픔을 달래주는 마음도
밝은 눈빛도 다정한 미소도
그곳에 다소곳이
가득했고 넘쳐났다.
옥수수 한두 개 나누는 정
한여름의 따가운 햇살 녹여냈고
서산마루에 걸친 석양빛이
엄마의 따스한 마음과 마음을
거들어 품어주었다.

3.

옥수수에 담긴 다정함
세차게 달려드는 모기도 물리쳤고
주고받는 웃음 찬 대화는
밤이 이슥해지는 시간대에도
화기애애(和氣靄靄) 넘쳐났고
자정이 넘어가는 줄 몰랐다.

삼식이의 변(辯)

하루에
한 끼만 먹고 살면
얼마나 좋고 편할까…?

삼시 세끼를
꼬박꼬박 챙겨 먹는 삼식이들
나이 깊어 갈수록
삼식을 챙겨 먹고 챙길수록
아내에게 구박받기 일쑤다.

'살기 위해 먹느냐 먹기 위해 사느냐'
이 질문에 정확한 답 없듯이
먹으니까 살고 살아있으니 먹는다.
먹는 게 얼마나 즐겁고 행복하기에
'배부르면 만사 오케이'란 말 있듯이
배부르면 더 바랄 게 없다.

인간의 신체 구조가
하루 세끼를 요구하고 있고
또 그렇게 살아왔으며
건강에도 좋다고 하니
잊지 않고 먹는다.

하지만 노년이 깊어 감에 따라
삼식이의 사정은
밥맛도 덜하고
아내에게 부담도 되어
녹록지 못하고 불안하기까지 하다.
혼밥은 해결할 능력도 부실하고
건강에도 안 좋다고 하니
이것저것 해결 짓기가
부실하기 마련이다.

강물

흐르는 강물을
물끄러미 지켜본다.
지푸라기라도 잡아야 될 것 같아
내 삶의 영혼 다시 깨어나라고
내 마음 근심 걱정
물결에 넌지시 얹어본다.

저 강물은
지나간 홍수의 아픔, 전쟁의 상흔을
오롯이 안고 있겠지만
그 많은 원(怨)과 한(恨)도 모른 체
유유히 흘러만 간다.

저녁노을 지는 강물
아름답기 이를 데 없다.
낙조의 출렁이는 검붉은 물결 보고
겸손과 배려의 열린 마음으로
모두를 감싸안으니
내 마음속 응어리 풀리고
심장 속 어딘가에 불 켜진다.

강물은
개울물도 샛강도 다 받아들여
바닷물에 합류한다.
그 넓은 마음, 그 아량
나도 그렇게 살련다.

개울가 돌멩이

여름 장마 가을비 끝난 후
개울가 돌멩이는
센 물결에 오랫동안 씻기어
알롱달롱 반들반들 매끈매끈
반짝반짝 빛나며
예쁨을 뽐내어 자랑한다.

개울 물속 돌멩이도
전혀 미끄럽지 않고
하얀색 검은색 주홍색 각양각색이다.
예쁜 돌 주워다 엄마 주면
빙긋 웃으시며 좋아했다.

돌멩이에서
무슨 인자(因子)가 나와
장맛 김치 맛 제맛 나는지
돌멩이 무게에 눌리어
신맛 덜 나고 감칠맛 더 내는지
알다가도 모를 신비한 일이다.

그 어려웠던 시절
돌멩이 하나도
귀하게 아끼고 소중히 여겼던 엄마
지금 하늘나라에서도

여전히 그 돌멩이 귀하게
생각하고 계실거야….

돌멩이가 되어
하늘나라 계신 우리들
엄마에게 달려갔으면….

수면 방해

겨울밤 초저녁 잠들어 깨고 나면
이 생각 저 생각에 맑아지는 머리

위층의 어린이들 뛰는 발걸음 소리
점점 더 선명하게 귓전을 울려 댄다.

어린 자식 귀엽다고 놀아주는 부모
아래층 노인네들 생각할 겨를 없지

꽝꽝… 점점 더 커지기만 하는 소음
주의 주겠다고 천장을 꽝꽝 쳐본다.

이것도 저것도 효과 없음 인지하고
귀막이 찾아 귀 막고 잠을 청한다.

아파트 생활 서로서로 돕고 살았으면
내 자식 귀한 만큼 아래층 노인도….

골방 신세

옛날 시골집
겨울의 안방 위 골방은
냉방이나 다름없이 너무 춥다.

윗목 이곳저곳엔
가을에 거두어들인 곡식 가마니며
고구마 콩 팥 포대가 이리저리
벽에는 옥수수 씨받이들 걸려있다.

안방 좁고 건넛방 군인 세 들어
젊은이 골방 신세는 당연지사….

골방의 한밤중
두터운 이불 덮고 잠을 청하니
천장에서 쥐 다니는 소리와
멀리서 들려오는 뻐꾸기 소리는
내 잠 자꾸 흔들고
조그만 창문에 서리는 달빛은
이런저런 꿈 헷갈리게 한다.

골방의 추위와 적막 속에
겹겹이 쌓이는
골방 신세의 깊은 고독은
또 하나의 밝은 삶을
아름답게 잉태하기도 한다.

산사(山寺)의 적막

절간은
산속 외딴 깊숙한 곳
조용함과 쓸쓸함이 함께
적막한 침묵이 감돌며
속세와의 결별이 연상된다.

성당과 법당 안에서
기도하는 마음 가늠할 때
법당이 더 경건한 듯하다.
예수와 석가모니의 차이
동양과 서양의 다른 점
내가 한국 사람이라 그럴 게다.

어느 날 새벽
산사(山寺)의 종이 크게 울릴 때
스님의 목탁 소리와 함께
처마 끝의 풍경(風磬) 소리 어울려
절간의 적막이 멈출 때
삶의 경건한 마음 엄습한다.

소망을 간절히 비는 사람
죄를 짓지 않겠다는 사람
이웃을 위해 살겠다는 사람
모두가 풍경 소리, 목탁 소리 종소리에 묻히어

절간의 믿음과 사랑으로
산사의 겸손한 마음에 힘입어
절간의 적막과 함께
이들의 소망 이루어진다.

귀뚜라미 소리

개울가 주변
고추잠자리 떼 지어 놀고
둘레길 양옆 코스모스 만발하더니
어느새 가을바람 차가워 서리 내린다.

휘영청 달 유난히 밝고
별빛도 온 하늘에 가득 차 있는데
느닷없이 귀뚜라미 밤새워 울어 대니
어여쁘고 곱게도 들리지만
서글프고 가엽게 느껴진다.

귀뚜라미는
서러워 울고 있을까…?
죽기 싫다고 하소연하는 것일까…?
늦은 밤 듣고 있으려니
내 마음 찡하고 가슴 아프다.

귀뚜라미 소리에
소스라쳐 애달파 잠 못 들고
이리저리 심사숙고해도
귀뚜라미 소리 원한(怨恨)에
마땅한 답 찾지 못하네….

얼굴의 주름

내 얼굴 모습
거울을 들여다본다.
뭐 그렇게 늙어 보이지 않고
그저 그런대로 삶의 의욕
아직은 충만해 보인다.

내 사진을 보니
거울의 얼굴과는 영 딴판이다.
쭈그렁방탱으로 곧 세상과 하직할 듯
주름과 검버섯 두드러짐 완연하여
보기조차 민망할 뿐이다.

우리 동네 500년 된 느티나무
베란다에 5년 된 고목나무
변함없이 독야청청(獨也靑靑)하건만
내 얼굴 주름의 골은
고생줄, 실패줄, 고민줄, 걱정줄에
새 식구 늘어만 가네….

내 얼굴 보고
엄마 아버지 옛 얼굴 그려 본다.
엄마 아버지 얼굴이나 비슷한 내 얼굴
양 볼 이마 목에 주름진 모습
아버지 모습에 한 꺼풀 더 입힌
그 얼굴에 그 얼굴인 게 틀림없다.

나무의 나이테는
보이지 않고 일 년에 꼭 한 줄
속으로 간직하는데
내 주름도 안 보이고 늘지 않게
최선을 다해 열심히 살면
덜 보이게 되거나
안 보이는 것
가능하지 않을까…?

암에 대한 소견(所見)

1.

80세를 지나도
암에서 자유롭다는 것
기적이고 축복(祝福)이 분명하다.
암은 자신이 살아온
과정인 동시에 결과이기 때문이다.
암은 유전일 수 있고
노화와 장수에서 오는 필연적인
부산물(副産物)일 수 있으나
우연이고 불운(不運)이기도 하다.
삶의 종말을 알리는
신호이기도 하고 죽음을 준비하라는
경고이기도 하다.

2.

암의 돌발(突發) 가능성에
사전 대비하지 않고
나만은 예외일 것이라 착각한다면
불의에 악성 암 만날 수 있고
불치(不治)로 치달을 수 있다.
암 전문의사에 의하면
90세까지 사는 사람의 60%는
암에 걸린다 한다.
암 발병을 후회하면서

부정하고 분노에 휩싸이면
암 인자만 증식, 확산시키는
악순환에 이어
죽음의 늪에 깊숙이 빠져
헤어나지 못한다.

3.
암을 예방하는 길은
금주, 금연이 최선이며
균형 잡힌 식사와 함께
규칙적인 적당한 운동이 필수이다.
더 중요한 것은
마음의 안정, 편안함의 지속이다.
바쁘게 산다는 신념 아래
매일매일 하는 일 만들어 실천하고
욕심을 내리고 마음 비우며
베풀고 나눔에 솔선수범한다.
스트레스받는 일은
극력 피하며 산다.

4.
AI 시대에 암은
곧 정복될 수 있을지 모른다.
그때까지 암을 피함은

내가 실현하고 누리는 행복이다.
언제나 행복은 멀리 있지 않고
내 옆에 내 머릿속에
자리 잡고 있다.

5.
나의 일상의 삶이
암 발병을 좌우한다는 사실
스트레스받지 않고 사는 일상
가장 중요하다는 것
깊이 명심해야 한다.

노인과 건강검진

80대 이상 노인은
건강검진이 필요치 않다는
항간의 주장이
대체로 인정받는 추세이다.

대장내시경 검사는
긁어 부스럼 만들 수 있는
위험 요소가 도사리고 있어
검사하지 말자는 의견이 대세이고
받아들일 필요가 있다.

노인의 내시경 검사는
금식과 장 비우기도 어렵고
검사 시 장이 훼손될 염려도 있으며
수면내시경이 사망사고로 이어질
가능성도 있다.

초고령자로서는
건강검진보다는 마음 관리가
운동 음식보다는 스트레스가
그 사람의 건강을 좌우한다.

오늘도 내일도
일상을 보람 있고 기쁘게

매일 즐겁고 부지런하게 운동하고
정직과 겸손, 나눔에 솔선하면
스트레스가 싹틀 겨를 없고
건강은 저절로 따라온다.

말투, 말버릇

말할 때
유달리 말투 사납고 거친 사람
퉁명스럽거나 투덜대는 사람
말하기 좋아하고 자기 자랑 잘하는 사람
버릇없이 말 해대는 사람
말투, 말버릇 나쁜 사람들이다.

'발 없는 말 천 리 간다.'
'말 한마디에 천 냥 빚 갚는다.'라는
옛말 속담을 되새겨 보고
자신의 말 습관, 말버릇의 잘잘못을
언제나 심사숙고할 필요가 있다.

나이 많은 사람으로선
어느 경우가 되었든
이 말 저 말 해도 괜찮을지
항상 심사숙고하고
상대의 입장을 최대한 감안하여
말 가려 하고 적게 하는 게 좋다.

잔잔한 호수에 돌을 던지면
물결이 출렁이듯
어느 정치인의 말 한마디가
세상에 큰 파문을 일으키듯

말투, 말버릇 습관이
자신의 복을 일거에 걷어차거나
운명을 좌우하는
큰 요인이 될 수 있다.

사람으로 대접받으려면
삼고초려(三顧草廬)의 낮은 자세로
역지사지(易地思之)의 입장에서
항상 남을 존중하고 배려하고
나쁜 말, 버릇없는 말 삼가며
고운 말 바른말 선택하는
지혜로움이 긴요하다.

허세, 허풍(虛風)

정치인 지도자들
겉으론 콩과 보리를 구분 못 하는
숙맥(菽麥)인 척하면서
각종 미사여구로 남을 속이고
속에는 짐승, 칼이 들어있는
그런 사람들 대부분인 게 문제이다.

일반인이 그렇다면
상대 안 하고 외면하면 그만이다.
정치인들 더 하니 문제이고
그에 함몰된 국민도 마찬가지다.

국가가 어디로 가는지조차 가늠 안 되고
오직 독선과 아집
자기들 고루한 이익만 챙기는 집단
거짓말, 허세, 허풍(虛風)에
세뇌, 농락당하고 있는 국민들
더 큰 현안이고 난제이다.

이런 풍조에
머리 숙이고 조아리는 정치인, 이익집단들
국가의 운명을 좌지우지하고 있는 현실
허풍의 위력, 허세만 믿다
쪽박 차는 신세가 된 다음에
후회한들 소용없다.

보이스피싱 주의

돈 욕심의 유혹이나
지인의 인정에 얽매이어
신출귀몰하는 도적들에 속는 게
우리들 보이스피싱의 현주소이다.

누가 누구를 탓할 수 없는
사기 범죄의 세계
눈 뜨고 뻔히 당하지 말자고
조심에 조심하자고 다짐하면서도
순간 속아 돈을 내주고 마는
어리석고 착한 사람들….

그 누구도
보이스피싱 사기에 자유롭지 못하다.
모르는 전화가 의심스러우면
일단 받지 말거나 끊고
어떠한 경우에 접하든
내 개인정보 절대 유출되지 않도록
만전을 기해야 한다.

무엇보다도
내 아들딸 사칭 문자나 전화
금융 관계자의 특혜 대출 권유
검, 경 기관원 사칭 사기 등에
혹하여 속지 않도록
특별한 주의 요망된다.

시베리아의 눈보라

황량한 벌판에
이리저리 몰려오는 자욱한 눈보라
영하 30~40도의 시베리아의 눈보라를
마주하고 걸어 보지 않고는
그 강도를 알 수도 없고
거론할 수도 없다.

살을 에는 듯
눈과 뒤엉킨 눈보라의 강한 위력
아무리 강한 방한복 겹겹이 입어도
금세 느낌은 영하로 내려간다.
5~10분 견디기 어렵고
앞으로 걸을 수도 없는 상황
뒤로 돌아서고 만다.

그 옛날 스탈린 시대
시베리아로 유배된 그 많은 죄인들
극심한 추위, 폭설, 눈보라를
어떻게 극복하고 견디어 냈을까…?
영화 〈닥터 지바고〉의 장면을 보면
대략 짐작이 간다.

혹한기에 어쩌다 맞이하는
우리의 눈보라는

당당히 맞서도 견딜 만하고
멋지고 아름답기도 하다.
간혹 눈보라 속으로 훅 들어가
나를 뒤돌아보고 자성해 보는
마음가짐도 가져 볼 만하다.

Ⅲ. 즐거운 식탁

아침 햇살

이른 아침
창살로 스며든 햇살
유난히 희고 밝고 화사하다.

어젯밤 내내 어두웠던
내 꿈의 여린 마음, 절망이
햇살의 따사로움과 빛남에 힘입어
온몸 다시금 소생시킨다.

빛나는 햇살의 정다움은
소중한 꿈의 진로를 비춰주고
절대로 포기함 없이
그 옛날 성공했던 지름길을
다시 한번 바르게
가르쳐 주려 한다.

햇살의 거룩함이여…
소나무 숲 사이로 비치는 햇살이여
당신을 사랑하는 이 애틋함에
다시 한번 용기를 북돋아 주오.
만물을 일깨우듯이
태양의 손길로
나의 재기와 도약을 도와주오.

난 오늘 저녁에도
저녁 햇살에 가득 묻히어
서산 노을의 아름다움 안고
고이 잠들어
희망찬 내일을 기약한다.

새벽녘

밤새 내린 눈
새벽녘 돼서야 멈추었다.
거친 눈보라 속에서도
어둠의 장막은 서서히 걷히고
찬란한 새벽 어김없이 찾아온다.

새벽을 여는 마음
해맑고 빛났으면 좋겠다.
새봄 준비하는 보리 싹처럼
잔설의 틈 비집고 솟는 복수초같이
새벽녘 아침 햇빛 찬란히 비추듯
바르고 곧게 살아났으면….

새벽 동녘 붉은 태양은
오늘의 시작을 알리는
장엄한 빛의 서막이고 향연이다.
더는 모진 세파에 흔들리지 말고
더는 혼탁한 옆을 보지 말라는
준엄한 경고이기도 하다.

이른 새벽녘 아침
열린 마음, 깨끗한 마음으로
바다같이 넓은 아량으로
욕심의 돛 가지런히 내리고

잡초 같은 근성의 정신으로
내 안의 우울한 마음 지운 다음
행복한 오늘을 맞이하자.

아침 이슬

1.
가을 하늘
파랗고 맑고 끝없이 높으오.
하루 종일 따가운 햇볕에 지쳤을 당신
서늘한 바람과 함께
수많은 별들이 수놓은 밤하늘 아래
당신을 찾아 어루만져 주고 싶소.

2.
당신은 금세
이슬을 만나 생기를 되찾을 것이오.
밤하늘 빛나는 별들을 세면서
온밤 상상의 나래를 펴고
당신을 풍요롭게 한 이슬에게
고마운 마음 끝없을 것입니다.

3.
찬 서리에 이어 얼음 얼기까지
난 당신을 찾을 것이오.
설사 당신이 낙엽이 된다 하더라도
그대는 내 친구요,
내가 좋아하는 천사요,
나의 사랑이 틀림없소.

4.

천고마비(天高馬肥)의 계절
풍요롭고 싱그러움 만개함에
알알이 익어가는 포도송이처럼
앙상한 감나무 가지의 홍시처럼
우린 잊지 말고
날이면 날마다 언제나
나뭇잎과 이슬로 만납시다.

꽃을 보는 마음

베란다 화분에
나 보란 듯 활짝 핀 란 꽃송이
누가 보는 사람도 없고
나만 보라는 것 아닐 텐데
보는 느낌 별로이다.
물 주고 가꾸는 사람 보라고
오래도록 매달려 있는가 보다.

이따금 너무 아름다워
관심 끄는 것도 부담스러워
보기는 가끔 보기도 하지만
꽃이란 작자 왈….
그래 날 보고 무얼 느끼는가…?
감각은 느낌은 아름다움은
감상할 수 있냐고 묻는 것 같다.

검붉은 란꽃
그 우아함의 극치인 란꽃 보고
그저 덤덤한 마음일 뿐
좀 미안하다는 마음 앞선다.
젊고 연애하던 시절
꽃을 보는 마음의 열정, 흥분은
이젠 순간의 끌림도
미동도 하지 않으니….

왜일까…?

꽃을 보는 마음도
나이와 밀접한 관계가 있음은
피할 길 없다.

즐거운 식탁

하루에 3번
식탁을 마주하고
당신과 나, 우리 식구 모두가
평생을 지켜온 자리요
집안을 지켜온 자리요
내 생명의 보금자리이고
희망을 준 은혜의 자리이다.

때로는
갈등과 언쟁도 존재했지만
마음의 위로를
서로서로 힘을 합쳐야 한다는
결의의 다짐도 얻어
집안을 이끌어 나갈 방향을
그 용기를 얻는 자리가
바로 식탁이었다.

즐거운 식탁은
입맛을 즐겁게 소화를 돕고
부담 없는 화제(話題)로
서로 간의 대화를 원만하게
학교 가고 출근하는 식구들의
즐거운 발걸음 재촉하고….

만면에 웃음 띤
식구들의 정다운 말속에
어제도 오늘도 식탁에
행복은 깃들고 움튼다.

기다리는 전화

근래 몇 년
가깝고 절친한 친구들
유명을 달리하고 떠났다.

하루 종일
친구 전화 기다리고 기다려도
전화 한 통 없어 쓸쓸하기 그지없다.
이 세상에 없는 친구가
내게 전화할 리 없다.

바람 부는 날이나
비가 세차게 내리는 날이면
자주 만나던 그 식당에
지금도 가면
그 친구 목소리 그 모습 그립고
불러내고 싶은 마음에
전화 소리 듣고 싶은 마음
너무 찐하고 가슴 아프다.

에이… 그 친구 아니면 어때
다른 친구에게 전화라도 걸면
전화 기다리는 마음도
그리움도 반감될 수 있지 않을까…?
그럴까…? 아니다.

저… 파란 하늘 바라보고
하늘나라 어디인가 있을 그 친구
상상하고 그리면서
무언(無言)의 통화를 갖자꾸나….

오늘 밤 별똥별 떨어질 때
그 친구 분명
내게 전화할 게 분명한데
기다리고 기다리면
전화는 올 것이 틀림없다.

나들이 옷

새봄이 왔는데
어떤 옷 입을까….
내 나이에, 내 몸매에 알맞은 옷은
새 옷이 좋을까, 헌 옷이 좋을까….
옷장 뒤져 보며 생각한다.

비싼 옷, 화려한 옷보다는
내 스타일에 센스 있고 깔끔한 옷
내 나이에, 그런 옷 없지 싶다.
오래된 헌 옷이라도
내가 원래 좋아하던 옷이면
스스럼없이 골라 입는 게
내 격에, 내 수준에 맞는 것 아닐까….

새 옷을 구입하려면
옷값 엄청 비싼 데다
마나님 동의도 필수적이라
귀찮고 부담되며 구차스럽다.

그래도 전철 안에서
새 옷에 귀티 나는 노인 보면
몹시 부럽고 나도…라는 생각 든다.
새 옷 아니더라도
깨끗하고 용모가 단정하면
내 기분 좋고
남이 보기에도 좋을 것이다.

붕어빵 추억

붕어빵 하면
추억의 문(門) 활짝 열린다.

그 옛날
학교 앞 버스정류장 포장마차
붕어빵 굽던 허름한 아저씨
한 봉지에 하나 더 얹어 주던 인정미
눈가의 친절한 미소
지금도 아른거려 잊을 길 없네….

눈발 나부끼던 어느 날
난 그녀와 함께 붕어빵 사 들고
약수터 길 거닐며
붕어빵처럼 맛있는 언약들 주고받고
달콤한 미래 꿈꾸었지….
가슴 찡한 아련한 장면 주마등처럼
지금도 생생히 내 뇌리 속
스쳐 지나간다.

지금의 붕어빵
맛도 다르고 가격도 비싸지고
붕어빵 속도 팥 이외에
생크림 잼 치즈 다양해졌지만
그 옛날 붕어빵에 가득 담겨진
아련한 추억들
지금도 변함없다.

홍시와 엄마

우리 집 뒤뜰에
제대로 큰 감나무 하나
올해도 주렁주렁 감 풍년
찬 바람 서릿발 아랑곳하지 않고
저녁노을에 비추어진 자태
아름다움 그지없이 자랑하네….

엄마는 감 따는 날
우리 집 자주 오는 까치들 생각해
몇 개 까치밥 홍시 남겨 두라고
아침에 훈시한 말 잊으셨는지
저녁에도 또 부탁하시네….

엄마의 지시대로
달랑달랑 다섯 알 남아있는 홍시
어젠 까치가 동편의 홍시 쪼더니
오늘은 서편 북편의 홍시 상처 내고
흠집 없는 홍시 외로이 두 개 남았네….

홍시 두 개 남은 것 보고
군대 간 형님 편지라도 오려는지
시집간 큰누님 친정 나들이라도
엄마의 들뜬 마음
홍시 보고 또 보시고

간절히 기도하고 또 기도하시네….

겨울을 맞이해
홍시는 우리 집 보물 격이었고
엄마의 마음 달래주는
바람, 소원의 대상이었다,

나무 그늘

한여름 햇볕이 쨍쨍
서늘한 나무 그늘에 앉아
땀을 식히고 앞산 바라보며
깊은 생각에 잠긴다.

자연이 쉼 쉬고 있는 곳
따가운 햇볕 내리쬐고 있으나
이를 듬뿍 가려주는 무성한 나뭇잎
명(明)과 암(暗)이 섞이는 이곳
시원함에 힘이 살아난다.

그늘은 고맙기 그지없는 곳
그늘 같은 사람 있고
그늘이 되어주는 사람도 있으며
그늘을 전혀 외면하는 사람도 있다.
난 그늘 될 만한 사람일까….
따가운 햇볕을 가려주고
인고(忍苦)의 어려움을 감내할
자비심과 덕망이 넘치는 사람이라야
그늘 같은 사람인데….
그런 사람이 되겠다는 마음
항상 굴뚝같이 높이며
그렇게 노력하고 살자.

이사의 득(得)

70년대 초 처음으로
대지 25평짜리 내 집을 마련
10여 년 동안 6번 이사를 통해
서울 변두리 200평짜리 집으로 늘려
재산 불리는 데 성공했다.

고도 성장 고물가 시기엔
봉급생활자로 재테크하는 데는
부동산이 제일이다 싶어
보태고 절약하며 융자받는 식으로
운발도 너무 좋았던 탓에
지금까지 '삶의 밑천' 되었다.

그때 이사는
고생길이었고 험난했다.
이삿짐 준비부터 차에 싣고 내리고
모두가 주인의 몫이었다.
으레 이사를 하고 난 다음
이사 병(病) 몸살을 앓곤 했다.

지금은
부동산 갭투자 유행하지만
전세사기로 서민을 울리는 자 많다.
부동산 전문가가 아니면
이사 이전을 자주함이
불행을 자초하는 경우도 흔하다.

집밥과 외식

집밥이 식사의 주인이요
외식은 덤이란 옛말이 맞다.
집밥이 채식 위주인 데 비해
외식은 기름지고 자극적인 식사가 주다.

식욕과 식탐이 과한 사람
경제적으로 여유 많은 사람
고기 음식을 좋아하는 사람들
주로 외식 배달식을 탐닉(耽溺)한다.
가족이 화목한 사람
부부가 농촌 출신, 부부애가 짙은 사람
경제적 여유가 적은 사람들
대부분 가정식 좋아한다.

맛집 음식은
아무리 맛이 뛰어나 유명해도
일주일에 두 번 가면 맛이 훨씬 덜하다.
설탕 조미료 첨가물에 치중해
깊은 맛 없고, 혀에 닿는 맛
금세 질려 실증 느낀다.

외식을 자주하면
지나치게 과식(過食)하게 되어
과체중에 빠지기 쉽고

성인병에 걸릴 수도 있다.
집밥이 외식에 비해
건강에 좋은 이유이다.

젓갈의 맛

젓갈은 잃은 입맛 돌아오는 데 제일
원기를 다시 소생시킴에도 으뜸이다.

젓갈 특유의 맛깔스러운 깔끔한 맛에
군침 흠뻑 고이는 데는 막지 못한다.

엄마의 입맛에 손맛을 듬뿍 담아내
집안 장맛을 한층 더 올려준 맛이다.

햅쌀밥에 명란젓 한두 점 얹은 맛
그 맛의 천상궁합을 누가 알까…?

추어탕집 오징어젓갈맛 맛 중의 맛
좀 더 달라면 돈 내고 먹으라 한다.

젓갈의 짭짤한 맛 중독성이 있어
너무 자주 먹으면 건강에 안 좋다.

밥 짓는 기술

밥맛은
밥 짓는 기술 뛰어나고
온갖 정성 깃들어야
제맛 난다.

쌀의 질이 우선이며
밥솥의 종류, 밥물의 양, 조리 시간이
서로 조화를 이룰 때
최고의 밥맛 난다.

그 옛날
정말 배고팠던 시절
벼 수확량(量)만 중시한 때
배불리 먹는 게 가장 중요한 때
밥맛은 도외시된 채
벼 수확량이 가장 좋은
통일벼 재배가 우선시되었다.

오래전부터
쌀 소비량은 계속 줄어들고
쌀이 남아도는 세상
지금은 어느 쌀이든 품질 좋고
전기밥솥 맛깔나게 밥 지어 준다.

그래도 밥맛은
쌀의 품질이 좋아야
맛을 제대로 낼 수 있다.

김치 칭송(稱頌)

김치의 고향은
그 옛날 시골 초가집 뒤쪽
낡은 김치광 속 김칫독
엄마의 시린 손자국
아리고 서린 추억의 집

김치의 맛은
신맛 짠맛이 어우러진
발효식품의 보고(寶庫)이다.
밥맛을 촉진하는 데
으뜸가는 반찬 맞다.

김치의 향(香)은
짭짤하고 씁쓸하며 시원한 맛
천지를 진동하고
무엇과도 바꿀 수 없는
중독성 갖는다.

김치의 효능은
소화 촉진과 변비 예방에 제일
피를 맑게 한다.
김치 없으면
나를 비롯한 한국인
밥 못 먹는 사람
부지기수이다.

김칫국

김치는 밥과 함께
우리나라 전통 음식의 대표로
'국민 음식'이란 평을 받는다.

김칫국 맛은
기본 원료인 김치가 맛을 좌우한다.
무엇보다 묵은지가 최고이며
1~2년 숙성시킨 김치라야
제맛의 국물을 낸다.

김칫국은
미역국 배춧국 북엇국 중
시원한 맛 감칠맛 얼큰한 맛에서
으뜸이란 지적이 맞다.
김칫국 냄새만 접해도
군침이 입안에 흥건히 고일 정도로
전통 음식 중 제일이다.

엄마의 손길 닿은
시래기 된장국도 맛에선 일품이고
추운 겨울날 북엇국도 비길 만하다.
이들보다 더 서민적이고
지친 입맛을 돋아주는 면에서는
김칫국이 최고란 말에
이의를 달 수 없다.

김치부침개

한낮의 봄비치고는
제법 세차고 줄기차게 내린다.
마음속 허전함 이리저리 깊어지니
문뜩 김치전에 막걸리 한잔 간절해진다.

김치부침개라면
이 할아비 기술 노력만이라도
넓죽하고 둥글고 누런 부침개 몇 개
금세 부치어 낼 수 있거늘
준비에 벌써 군침이 목도 축축
지루함도 일거에 사라진다.

할미와 함께
둘이서 김치전 성찬의 나눔
새콤한 신맛에 고소한 맛 더하여
시원한 막걸리 곁치니
세상에 부러울 것 없다.

그 어느 때라도
조금만 스스로 나서서 부지런 떨고
인터넷 통한 셰프 실력 발휘하면
부침개 맛 같은 구수한 정이
저절로 흠뻑 우리 품에
가지런히 서로 안긴다.

동태찌개의 맛

날씨가 영하
얼큰한 동태찌개에
소주 한잔 곁들이고 싶다는 생각
가까운 친구에 카톡 보낸다.

동태찌개는
제일 저렴하고 맛있고
서민적 정서와 친근감 있고
친구와의 만남의 식사나
막걸리에 딱 어울리는 안주로
좋아들 한다.

고기라고는 명절에
한두 점 먹어 볼까 말까 하던 시절
동태찌개라도 끓이면
그 구수한 냄새 집 안 흔들고
한 토막 든 동태찌개의 맛은
어느 찌개와도 비교 안 되는 맛
도저히 잊을 수가 없다.

시베리아 러시아인들에겐
동태나 가자미가
기름기가 없다는 이유로
개나 고양이 먹잇감이 된다.

봄나물 밥상

겨우내 찌든 몸과 마음
봄나물 밥상 마주하면
잃었던 입맛 회복되고
향긋한 미각에 마음 설렌다.

잔설에 서릿발 이겨내고
차가운 새벽 공기 아랑곳없이
잠자던 기운 온 힘으로
경쟁하듯 새싹 내미는 봄기운
이쪽저쪽 보살피며 웃는다.

손맛 좋은 아내 솜씨로
새순 된장쑥국에
달래, 냉이 무침 곁들여
두릅, 더덕 고추장 찍어 먹고
곰취, 산나물 데쳐 무치어
보리밥에 썩썩 비벼 먹는다.

무기력 춘곤증 해소에
식욕도 증진되고
항암효과에도 좋다고 하니
봄나물 밥상에
늙고 추함은 저 멀리
내 몸, 내 마음에 봄 향기
알뜰살뜰 가득히….

노포(老鋪) 식당

이름난 노포 식당은
맛도 으뜸이고
가격대도 적정하며
고풍(古風)의 독특한 정취와
손님들 활기 배어난다.

노포는
노포로서의 멋과 향이 있다.
주인(主人)의 정성 어린 집념과
맛깔스러운 음식 냄새 고이 배어 있어
고향 찾아가는 기분 든다.

노포로 명성이 높더라도
끊임없이 노력하고 연구하는 노포가
살아남고 발전하지
옛날 맛과 멋만을 고수한다든가
건물만 새로 짓고 단장하면
살아나기 힘들다.

식재료도 국물도 반찬도
옛것 간직에 현대감이 가미되어
맛의 정점을 노리고
셀프 반찬의 깔끔하고 정결함에
주인의 영혼이 깃들어 있으면
100점 노포집의 멋이다.

젓가락 문화

내 젓가락 기술은
이리저리 재고 보아도
한마디로 신통방통 수준이다.

젓가락으로
집고 고르고 뒤집고
심지어는 자르기도 한다.
그 기술은
실로 신의 경지에 가깝다.

밥을 국에 말고
젓가락으로 이것저것 반찬 골라
밥 위에 얹어 먹는 모습
예민하고 정확하다.
젓가락 기술이 발전되어 온
젓가락 문화의
집대성 다양성의 표본이다.

한잔 술에 젓가락으로
멋진 장단도 맞춘다.
스트레스 해소에 최고점
노래 부르며
덩달아 춤도 춘다.

우리나라 사람들
손 기술이 세계 최고라는 사실
젓가락 문화에서 유래한다는 것
자타가 공인하는 장점이다.

순댓국 여담(餘談)

순댓국은 언제나
돼지고기 냄새가 물씬 풍기지만
검은 뚝배기 국그릇에 어울리는
육수와 국밥 순대
모두가 텁텁하고 구수한 맛
가격도 저렴하여
서민 음식 제격이다.

순대와 머릿고기
소주와 막걸리 곁들이면
환상의 궁합 이루고
중독성 짙은 국물이 더 좋아
찾는 사람 단골손님
의외로 많다.

각종 탕 종류의 음식이
호불호(好不好)의 부침을 겪지만
순댓국집만은 어느 지역에서든
맛집으로 오랜 전통 이어 와
서민의 일회용 식사로는
해장국과 함께 사랑받고 있다.

요즘엔 순댓국집
현대식 깔끔한 인테리어로 단장

젊은이들 유혹하고 있고
여자들도 이에 영합하여
문전성시를 이루고 있다.

영하의 날씨 깊어지니
순댓국 맛 돋아날 듯 따라가고
내 마음 네 마음 함몰되어
순댓국집 찾는다.

삼겹살 연가

삼겹살 구이
맛있는 서민 음식으로
K-푸드의 핵심이다.

소고기보다
값도 훨씬 저렴한 데다
맛도 개선되어
직장 내 회식 메뉴 1위
화합의 1등 공신이다.

숯불에 삼겹살 굽는
그 맛 그 냄새에
정다운 우리 너와 나
오가며 쌓은 정
삼겹살의 덕이기도 하다.

주말이면
대형마트에서 삼겹살
반값 할인 반복한다.
싸고 맛있는 삼겹살
정과 화합의 값진
단백질 보고이다.

우물형 자산

주머니에 돈이 풍족하면
마음 편하고 즐겁다.
왠지 궁둥이가 들썩들썩하고
누구 만나고도 싶으며
여행이라도 가고 싶다.

주머니가 궁색하면
마음 여유 없고 초조해진다.
친한 친구 만나기 두렵고
방콕이나 해야겠다는 생각에
우물 안 개구리 신세에서
자유롭지 못한다.

건강하게 오래 살려면
돈은 필요 불가결한 존재이다.
우물의 샘물처럼 마르지 않는 돈
써도 또 써도 바닥나지 않는 돈
누구나 평소에 갖는
바람이요, 소원이요, 희망이다.

돈이란 야박한 것
악마의 손이 도사리고 있는 것
좋은 점만큼
건강을 해치고 절망을 유도하는
악마이기도 하다.

술과 건강

애주가들은
빨간색 소주에 맥주 섞어
소맥의 독주를 즐겨 마신다.
인사불성이 되도록
술독에 빠져 헤어날 수 없도록
마시고 또 마셔 댄다,

술은
한두 잔으로 끝내면
보약(藥)이요, 건강에 좋다고 한다.
왜 넘치고 넘치도록 마셔 댈까…?
술은 마약 성분이 있어
술이 술을 당기는 마약이다.

적당한 음주 적당한 술
술은 대화, 분위기 즐겁게 하고
소화 작용에도 이롭지만
지나친 과음은
건강의 적(敵)이요
패가망신(敗家亡身)의 지름길이다.

금주, 절주가
자신의 건강과 처신에
절대로 필요하고 절박한데도

술로 인한 모든 폐해를 절감하면서도
술을 끊지 못하는 못난 사람들
내 자신을 비롯해
도처에 즐비하게 널려있다,

Ⅳ. 새봄을 맞으며

가을과 나

올 추석까지도
여름이고 열대야가 이어지더니
벌써 설악산엔 서리 내리고
얼음이 얼었다는 소식
그 좋은 계절 가을은 소리 없이
우리 곁에 왔다 그냥 가는구나….

지구의 이상 기후변화
길어진 여름에 성큼 다가올 겨울 사이
짧아질 대로 짧아진 가을은
자연을 무책임하게 해친
인간의 지나친 폭거의 후과이다.

가을은
오곡백과(五穀百果)가 무르익는 계절
보기만 해도 배가 부른 황금벌판
코스모스 갈대 난무하는 낭만
대추 감나무에 숨겨진 사랑 노래
등산, 단풍놀이에 얽힌 추억들
가을이 준 아름다운 선물들이다.

가을은 나에게
상상의 나래를 펼쳐주고
사색의 공간을 만들어 주며
삶의 여백을 확보해 주는 계절이다.

가을볕

아직 따가운 감촉
남아있어 콕 찌른다.

한물간 탓인지
차갑게 휙 지나간다.

황량한 들판
쓸쓸함에 비어있는 듯
하늘은 끝없이 맑고
고요하기만 하다.

가을볕이
안간힘 다해
화사하고 따끈하게
마지막 인사한다.

고맙다 따가운 볕
내년에 또 만나자.

단풍의 삶

이른 봄 새싹
한여름 푸름 자랑하더니
비바람 폭우 햇볕에 지쳐
타오르고 익어가
오색 가을 장식하는 단풍으로

단풍에 담겨있는
아름다움은 하늘 푸름과 함께
사색의 틀을 인도하고
삶의 끝도 알리는 풍차의 역할
노란색이든 검붉은 색이든
빛의 색깔 잡아주고 있네.

네가 간다는 생각
나도 갈 수 있다는 아픔
너도 서럽고 나도 억울하다만….
차가운 비바람 이겨내지 못한
너와 나의 마지막 인사이다.

오색 물결 휘날리는 단풍
낙엽으로 생을 마감해도
재생을 위한 나무의 밑거름으로
내년 봄 새순 지원을
다시금 기약하며 숨진다.

들국화

산자락 여기저기
듬성듬성 군락 이룬 노란 꽃무리
황금벌판 역겨워 시샘하는지
살랑살랑 아름답게 흔들린다.

시원한 가을바람 힘입고
아침 이슬 가득 머금어
별빛 받아낸 자태 뽐내더니
금빛 찬란한 모습으로 아름답다

눈여겨보지 않아도
스스로 피어난 꽃잎들
냉기가 온 천지 지배할 때까지
사랑의 따스함 전하고
온화한 마음으로 냉기를 가신다.

자성의 빈칸 메우는 향기
삶의 의의를 강조하는 꽃 모양
언제나 청초한 모습 변함없이
너와 내가 한 몸 되도록
가을 향기 빛내고 있네….

씨앗

이 작은 씨앗에는
햇볕 빗물 바람과 어우러진
애틋한 정성과 사랑이
똘똘 뭉치고 깃들어 있다.

여름부터 늦가을까지
장맛비 폭풍 가뭄을 이겨낸
생명체의 알맹이로
낙엽이나 흙 속에 고이 묻히면
다음 생명을 향한 꿈을 꾸고
몸매를 보호하며 겨울을 난다.

못된 사람 가리켜
종자(種子)가 못 되었다 한다.
사람이나 식물이나
씨앗에 숨겨진 유전자를
무시할 수 없다는 뜻이다.

이른 봄
발아(發芽)되는 씨앗은
빛깔 크기 모양으로 보아
우량종 여부를 알 수 있다.
아무리 좋은 씨앗이라도
파종(播種) 후 관리가 부실하면
큰 수확을 기대하기 어렵다.

겨울 문턱

가을을 보내며
좀 더 폭넓게 자신을 관조하고
뒤돌아보고 뒤집어 보며
끝이고 시작이라는 낮은 자세로
한 해를 마무리했으면 싶다.

무엇보다 순간순간
겨우내 푸르른 소나무 닮듯이
영하의 개울물 휘젓는 청둥오리같이
북극 얼음 속의 백곰처럼
내 영혼 매섭게 두들기고 잡아당겨
혼신을 다해 매듭지으련다.

내 스스로 뒤돌아보면
만족 못 하고 후회스럽기도 하지만
고운 마음과 겸손으로 일관했고
나눔과 베풂에 앞장서려 했고
남보다 뒤지지 않으려 노력했다.

마지막 한 달
더 채찍질하고 담금질 필요하다.
내 마음 다잡고 몰아가
바른 사람 건강한 사람으로
거듭나기를 기대한다.

첫서리

첫서리는
겨울이 문 앞에 다가왔음을 알리는
생동감 있는 신호이자
겨울 준비에 만전을 기하라는
하늘의 경고이기도 하다.

서리는
차디차고 매몰차기도 하지만
새봄의 아름다운 꽃 순처럼
한여름을 대표하는 소나기처럼
가을을 상징하는 낙엽같이
이해가 저물어 감을 미리 예고하는
자연의 징표이다.

하얗게 내린 서리를
우린 서리가 맺혔다고 한다.
계절의 변곡점 겨울로 들어선
아름다운 길목이라는
뜻이기도 하다.

올해 여름 폭염이 끝나자마자
대청봉에 서리가 왔다는 소식
변화무쌍(變化無雙)한 기후변화와
또 겨울이 이 땅에 찾아온다는
이른 예고에
놀라움이 앞선다.

폭설의 여운(餘韻)

함박눈 쏟아지는 날
물끄러미 창밖 응시하며
골몰히 생각에 젖는다.

눈발은 점점 더 세지고
창밖엔 눈밖에 아무것도
안 보이는 눈 하늘, 눈 세상

이 순간 우리의 절박한 위기
각종 비리, 여야 대립, 정치 투쟁을
연상해 보지 않을 수 없다.
눈보라여 폭설이여 하늘이여
이 모든 것 쓸어갔으면….

벌 받을 사람, 양심 저버린 사람
저 백옥 같은 눈송이 보고
제발 회개 좀 하시라….
조금이라도 만백성 사랑한다면
티끌만 한 애국심이라도 있다면
마음 고쳐먹고 애국하라….

모두가 외면하는 것
모두가 싫어하는 것
폭설이 온 세상 다 덮어버리고
이른 봄 눈 속을 비집는 꽃 순처럼
새로운 세상이 태어났으면….

늦추위

때아닌 칼바람
강추위가 기승을 부리는 날씨
너무 심하고 독하다.

입춘(立春)이 한참 지났는데
눈보라 휙휙 날리고
춥다 추워도 매섭게 춥더니
한강마저 결빙되었다.

겨울다운 겨울이
며칠째 지속되고 있다.
살인적이 매서운 추위에
등골이 으쓱으쓱 움츠려 들고
양 볼은 얼어 떨어져 나간다.

봄이 오는 걸 시샘하는지
그래도 새봄은 그리워진다.
춥고 힘들수록
따듯한 마음이 필요한 지금
봄을 기다리는 마음이다.

새사람으로 거듭날 것을
다짐하고 약속한다.

함박눈 연가

눈이 내린다.
펑펑… 함박눈이 소리 없이
온통 대지를 덮고 있네….

함박눈 쏟아짐은
하늘의 준엄한 경고인가
마음속에 굳게 자리한
욕심 질투 증오 원망을 버리라는
요구요 충고일 게다.

숨김없이 서슴지 말고
털어내어 없애고
함박눈 눈송이처럼
눈 덮인 대지의 모습처럼
아름답고 깨끗한 세상
이루어졌으면….

함박눈은 아마
너와 나의 바람대로
온 세상 정리하고
내 마음도 순화시켰으면….

함박눈

겨울 눈의 꽃 함박눈이
온 누리에 내리는 모습
기쁨과 환희의 절정이다.

큰 눈송이 송이송이 겹치어
대지를 흠뻑 덮고 있으니
주변은 온통 운무(雲霧)로 가득
내 몸 마음도 일거에
새하얀 눈 속에 흠뻑 파묻히네….

눈 풍년의 설경(雪景)
설렘과 추억도 함께 몰려와
금세 동심으로 돌아간다.
눈사람 만들고 미끄럼 타던 어린 시절
눈싸움하며 웃음꽃 피우던 친구들
잊을 길 없어라
지금 어디에 살고 있을까…?

함박눈 온 세상만 같아라….
훈훈한 마음으로
서로를 이해하고 협조하면
눈 덮인 온 대지가 다시 소생하듯
우리에게도 새봄은
분명 또 온다.

한 해를 또 보내며…

금년에도
동녘 해 저녁노을처럼
힘차고 아름답게 살려고 노력했다.
한 치 앞 모를 우리네 세상
대체로 건강했고 사고 없었으니
난파선은 면한 셈이네….

아쉬움도 그리움도 후회함도
먹구름 밀려오듯 많았지만
다가오는 것 다 잡을 수 없었고
힘에 부치는 것 지나칠 수밖에
낮은 자세로 내게 부담 주지 않도록
난 건강제일주의에 힘썼다.

다가오는 새해에도
파란 하늘같이 맑은 마음을
소나무 숲처럼 변함없이 오래도록
바다처럼 넓은 마음으로
겸손 나눔에 솔선해야 된다고
마음속 깊이 다짐해 본다.

새봄을 맞으며(陽春佳節)

어제는 모처럼 함박눈 펄펄
오늘은 진눈깨비 주룩주룩
새봄의 기를 시샘하고 싶은지
겨울의 마지막 항변일 거야….
아니야, 겨울을 다 몰아내겠다는
봄의 여신이 맞지.

따듯한 햇볕, 훈풍에 힘입어
수양버들 강아지풀 돋고
개구리 텀벙텀벙 뛰어오르면
강남 갔던 제비도 돌아오겠지.
개나리, 진달래, 벚꽃 피어
완연한 봄을 만끽하게 될 거야….

희망찬 새봄
숨통을 조이던 겨울 지나가고
풀 내음 꽃향기 천지를 진동하니
내 마음도 내 기분도 덩달아
봄기운에 소생하여 활기를 되찾고
저 들판으로 마음껏 달려본다.

우수(雨水)

봄비 오는 날
겨우내 언 땅 녹고
계곡에 두껍게 쌓인 눈도 스르르
따스한 햇볕 내리쬐니
바람마저 훈훈하고 살갑다.

겨울 문 아직 잠겼는데
빗물에 밀려 틈새 보이더니
소쩍새 울음소리 정적 깬다.
졸졸 냇물 소리도 박자 맞추고
물오른 저 나무들도 기지개 켜네….

움츠렸던 마음의 문도
덩달아 열릴 분위기
우울한 마음 단비에 젖어
숨죽여 웅크리고 있던 기분
비 온 뒤 파란 하늘로
손 저으며 날아가고 있네….

칼바람만 짖어 대는
이 어지러운 우리네 난국(亂國)
일거에 해소할 봄비는
오려는지, 영영 안 오는지
암운(暗雲)이 수수롭다.

새봄의 물결

봄소식 봄바람 봄을 알리는 모습들
파도치는 물결같이 때론 비바람처럼

거실 안 햇볕도 베란다로 옮겨 가고
화초들 모습도 생기를 되찾고 있네.

매화꽃은 겨울 마지막 눈발 맞아 가며
곱디고운 화사한 색깔로 꽃 순 내민다.

복수초도 잔설의 틈 온몸으로 비집고
노란 꽃잎들 하나둘 서서히 밀어낸다.

어린 풀잎도 질세라 삐죽삐죽 헤집고
흙더미 갈라진 틈새로 새싹들 솟는다.

개울가 청둥오리 떼들 활기 되찾고
백로 왜가리도 날렵하게 피라미 잡네.

아직도 봄바람 칼바람 느낌 차가운데
햇살만은 살갑게 따듯하고 온화하다.

아…!! 망설이는 봄 정말 곁에 와있다.

봄 우레

소한(小寒) 지나니
춘절(春節) 설날 기다려진다.

갑자기 날씨 춥고 싸늘해지더니
서북쪽으로부터 먹구름 밀려오고
눈 내리고 진눈깨비에 이어 우박도
꽈르릉꽈르릉 우레 소리
느닷없이 연신 울려 댄다.

바른길 마다하는 사람들
남 속이며 웃고 있는 사람들
중생의 삶 허물고 싸우는 사람들
모두에게 죗값 받으라는
경고의 저… 우레 소리, 울림을
알아듣는지, 모르는지
세상은 오늘도 어제같이 지나간다.

누가 누굴 탓할 수 있으랴
그놈에 그놈인 것
모두가 미쳐 돌아가는
어지럽고 시끄럽기만 한 이 세상
일거에 몽땅 저 세상으로 쓸려갈 듯
우레 울림 꽝… 꽝… 울린다.

아침의 밝은 햇빛
변함없이 온 세상 비추어 주며
평온은 다시 찾아온다.

봄비

기다리던 봄비
산불 다 잡고 여름비같이
줄기차게 죽죽 나리네.

이내 부슬부슬 소록소록
봄비답게 소리 없이
온 대지를 적시니
내 마음까지 흠뻑 젖어
활기를 되찾네….

저 벌판도 산골짜기도
새싹들 내밀어
푸른 세상 만들고
농부들도 가쁜 마음
잰걸음 바삐
휭… 들판으로 나간다.

비 온 뒤 화사한 봄볕에
새로운 활기와 각오
모처럼 용솟음치니
세상은 살 만한 것 같다.

한식날(美風良俗)

조상의 묘 돌보는 날
정성껏 사초한 다음
간단한 제사상 차려 놓고
큰절 올린다.

따스한 꽃바람 속에
민들레 할미꽃 향기 새롭고
새싹 돋아난 잔디 곱고 예쁘다.
정겹고 온화한 봄의 향연이
모두 조상님 위해 존재하는 듯

봉분을 물끄러미 응시
눈시울 촉촉해짐 느끼며
가슴 아픈 옛일들 떠올린다.
아버지 북한군에 총살당한 일
엄마 쇼크로 앓다 뇌졸중

속죄의 마음 편치 못하나
부모님 초라한 옛 모습 그리며
난 늙도록 잘 살고 있다고
조용히 용서를 빌어 본다.

매화꽃

이른 초봄
어여쁜 꽃순 내민다.

칼바람 춥다고 추워
삐쭉삐쭉 신음하는 매화
겨울의 마지막 눈발
밀고 밀어내어
두어 개 매화
꽃망울 드러내네….

겨우내 눈 속에
가득 숨겨놓았던
그리움과 설렘 안은 채
곱디고운 빛깔로
화사하게 장식하고
세상의 훈훈한 마음
더불어 같이하네….

봄은 봄
한 송이 향긋한
매화꽃 향기에
내 마음 스르르 얹고
희망과 소망의 꿈
조용히 얹어 본다.

개나리꽃

봄, 봄, 봄….
봄을 알리는 소식
노란 손 활짝 내밀고
웃음꽃 선사하네.

우물가에도
개울가 도랑둑에도
계곡이나 산비탈에도
잎도 싹도 없이
만개한 그 모습….

노란 꽃
방끗방끗 임 찾아
혼신의 힘 다해
화사한 웃음으로
기쁨의 손 내미네.

이리저리
주렁주렁 매달려
희망 주며 피는 꽃
너야말로 내게
복(福)을 주고 있다.

꽃가루 폐해

꽃가루 미세먼지
알레르기 심히 앓아본 사람이라야
그 해독(害毒)의 고통 안다.

때 이른 봄바람 타고
계절풍인 서북풍에 실려
앞 안 보이는 미세먼지 공세
엎친 데 덮친 격 꽃가루 횡포도
하늘을 찌르고 남는다.

우리나라 미세먼지는
중국이나 몽골에 비하면
'새 발의 피'라는 지적 맞지만
재채기 콧물 코 막힘에 이어
비염, 천식을 몰고 온다.

숨 막히는 공기
거대한 미세먼지와의 싸움
막고 피하고 씻어내어
나를 보호하는 수밖에….

이렇게 꽃가루 폐해도
지나가고 만다.

꽃향기

비 온 뒤 개인 오늘
5월의 하늘치곤 맑고 푸르다.
온갖 꽃향기 속에
풀과 나무들 푸름의 잔치는
온 천지에 차고 넘치네….

5월의 향기 속에
서로 믿고 돕는 마음
서로 나누고 베푸는 마음
영혼의 아름다움이 지배하여
너와 나, 우리 모두에게
기쁨 선사하고 있네….

요즘 흩날리는
꽃가루 공해에 시달리고
정치인들 언행에 지쳐있지만
5월의 꽃향기는
진실, 정의, 성실에 무게 싣고
나라의 백년대계를
밝게 인도하고 있네….

절대로 배반의 행적 거부하고
곳곳에 피어난 꽃향기로
영혼의 맑은 기운을
품어주고 돋우어 주어
내일의 희망을 선사한다.

풍경 소리

가을바람 세고 찬데
고즈넉한 절간 풍경 소리 낭랑하다.
무엇 알리고 알리려는지
그 소리 너무 애잔하고
애절하기조차 하여 슬프다.

맑고 청아한 목탁 소리가
처마 끝 풍경 소리와 한데 어울려
절간의 어두컴컴한 새벽녘 적막을
송두리째 깨우는가 싶더니
이내 웅장한 종소리가
사방을 울려대 지배하고는
풍경 소리 숨죽인다.

새사람 되려고 복받으려
대웅전에 하나둘 모인 사람들
풍경 소리에 마음 씻고
스님의 목탁 소리에 깨달음 새기어
종소리의 굉음과 함께
자기 쇄신의 계기 삼는다.

풍경 소리에 담은 마음
청초하고 정갈하게
아름답고 빛나게
온 사방 지배하고 있다.

하늘과 나

파란 하늘은
힘겨워 앞이 캄캄할 때
어딘가 의지하고 싶을 때
무언가 방황하고 길 잃을 때
나의 신주(神主)나 다름없다.
어제는 나의 꿈이었으며
오늘은 나의 벗이 되고
내일은 나의 희망도 안겨준다.

종교가 없는 나
그 옛날 엄마의 장독대 신처럼
하늘은 나의 하느님이요
내가 믿고 싶은 종교인 셈이다.
하늘에 대고 두 손 모아
빌고 또 빌면 하느님은 분명
나를 도울 것이란 믿음 확신한다.

하늘은 무턱대고
아무에게나 상(賞)을 주지 않는다.
인간다운 사람에겐 치유의 심벌이지만
때로는 굉음, 광란의 소리를 내며
죄를 짓고 사는 사람에겐
준엄한 벌(罰)을 내리곤 한다.

하늘은
사랑과 생명의 주체임이 맞다.
내 삶의 버팀목이요, 주춧돌이요
내 마음의 안식처이다.

산불 재난

붉은 화마 휩쓴 이후
산기슭 등선의 검은 나목(裸木)들
신의 저주인가, 인과응보이겠지….
하늘을 바라보며
원망의 한(恨) 삭여 본다.

누구의 잘못인가…?
마을 노인, 성묘객, 등산인의 부주의….
아니면 건조한 날씨, 강풍(强風)으로 인한
불가피한 자연발생일까…?
동시다발적 최악의 산불이다.

수십 년간 이룩해 놓은
성공적인 거대한 산림녹화가
하루아침에 물거품 되고
인근 주택, 공장, 사찰도 순식간에
잿더미로 변했으며
소방관 인근 주민의 인명 피해도 컸다.

비극은 무관심 무대책에서
구조화되고 확대, 재생산된다.
산불 규모, 화력에 놀라고
비 오기만 기다리는
정부를 비롯한 모두의 속수무책에
놀랍고 또 놀랄 뿐이다.

미세먼지

때도 시도 없이
사시사철 한겨울에도
미세먼지 자욱한 거리
감기, 독감 코로나 예방 위해
미세혈관 질병, 폐암 방어를 위해
미세먼지의 피해로부터
내 몸 보호하려 애쓰고들 산다.

지구온난화로 인한 온갖 재해
공업화에 따른 온실가스 배출
이들 온갖 범지구적 재앙인
미세먼지의 주범(主犯)은
바로 사람들 우리가 맞다.

하기야 미세먼지 폐해(弊害)보다
미세먼지를 꼭 빼닮은
우리들 마음의 짙은 오염 사태를
제거하는 것이 더 시급한
우리의 당면 현안이다.

우리 사회엔 무엇보다
마음의 정화(淨化)가 긴요하다.
도덕 윤리의 정의 사회가 살아나면
대기 중 미세먼지도

홀연히 사라지고
파란 하늘에 맑은 공기가 가득 찬
건강한 사회 오지 않을까…?

시와 인생

시를 좋아하면서부터 나의 인성(人性)이 자연스럽게 밝은 쪽으로 변하고 있음을 느낀다. 원래 성격이 조급하고 예민하며 소극적이었던 점에 반해 원만하고 긍정적이며 적극적인 면이 짙어지고 있다고 강조하고 싶다. 이렇다 보니 나로선 내 마음의 긍정적인 면이 더 두드러지고 부정적인 면은 점점 엷어지고 있는 느낌이 짙다. 실로 마음의 변화를 실감하면서, 이는 예기치 못한 변화이며 이른 봄 눈 속에 돋아나는 꽃 순처럼, 더없이 맑은 가을 하늘처럼, 마음의 정화가 자연스럽게 오롯이 내 마음을 지배하고 있는 것이라 하겠다.

시는 우리들 일상에서 한여름 더위에 지쳐 있을 때, 흔히 마시는 '청량제'나 다름없다. 머리를 시원하고 맑게 해주는 데다 '생각의 틀'을 새로운 각도에서 사고의 길을 예리하고 분명하게 인도해 주는 기폭제가 되고 있다. 시를 사랑하고 시를 탐구하는 사람에겐 헝클어진 인성, 어긋난 도리, 부조리한 태도를 찾아보기 어려우며 남보다 더 가일층 정도(正道)의 길을 가려는 노력이 크게 돋보이고 있음을 감지하게 된다.

시(詩)는 긍정적인 사고를 갖게 한다.

시를 구상함에는 늘 생각의 나래를 펴면서 만사를 좋은 쪽으로, 긍정의 시각에서 보려 한다. 시는 옳은 방향, 양심의 뜻에서 좋아하는 시상(詩想), 시구(詩句), 시어(詩語)을 구상함으로써 자기 자신의 생각, 처신, 행동거지도 시의 작성 범위 속에서 삶의 가치를 찾아보게 한다. 자연히 남을 사랑해야 한다는 청순한 만족감에 젖어 배려와 나눔의 정신이 시상에 깃들게 된다. 이에 따라 자신에 내재한 우울감이 경감되는 반면 행복감은 증진된다.

시를 쓰다 보면 종종 자신에 대한 '존재의 이유'를 되묻곤 한다. 내가 살아있고 살아나갈 존재의 필요성과 방향에 대한 심오한 성찰을 요구한다는 것이다. 끝내는 영혼을 두들기고 두들기는 마침내 신의 소리가 들리도록 혼신의 힘을 쏟아붓고 집착한다. 여기에서 자기완성을 지향하는 미완의 성취감에 도달하기 위해 도약의 단계를 맛보는 기회도 맞이한다. 한층 더 자신감이 배어나고 무엇이든 찾아나서는 자아를 발견하고는 놀란다.

지금 우리는 '100세 시대'에 살고 있다. 노인으로서 노화(老化)를 지연시키고 노추(老醜)를 예방해야 100세 시대에 걸맞은 노인으로 살 수 있다. 시는 이러한 100세 시대의 노인에게 변함없는 긍정적인 사고와 함께 좀 더 진취적이고 행복한 삶을 보장할 수 있도록 인도해 주고 있다. 우리가 일상에서 잘 먹고 잘 걷고 잘 자려면 정신이 건강해야 한다. 정신건강에는 시작이 최고라는 주장에 전혀 이의를 달수 없다.

시작(詩作)은 젊음의 기능을 회복한다.

사람이 늙어가면서 가장 큰 희망은 회춘(回春)의 여부이다. 언제나 회춘의 꿈을 갖고 살면서 '젊어질 수 있다'라는 가능성을 염두에 두고 백방으로 노력한다. 포기보다는 지속에 더 비중을 두고 '할 수 있다'는 모든 수단을 동원하여 목표 달성에 주력한다. 회춘이 불가하다는 판단이 선다 하더라도 지금의 현상 유지만으로도 족하다는 인식하에 불굴의 의지를 불태우기도 한다. 설사 실패의 징조가 보이더라도 절대로 포기해서는 안 된다는 자기만의 의지에 만족하고 정진한다.

회춘을 위한 여러 가지 방안이 거론될 수 있다. 그중에 가장 중요하고 효과적이 방안은 정신적인 면에서의 회춘이다. 말하자면 뇌기능의 회춘이 중심 고리라 하겠다. 뇌기능을 정상화시키고 활성화시키는 데는 시작보다 더 좋은 방안은 없다. 시에 열중하다 보면 하루 종일 무엇인가 생각하게 되고 그 생각의 틀을 정리하며 순간순간 이를 기록하게 된다. 여러 가지 생각의 범위를 한 단어로 압축하려는 노력도 병행한다. 이게 바로 시어(詩語)이다.

시는 문학의 여러 장르에서 가장 상위 개념의 부문이다. 그 때문에 시인(詩人)의 생각은, 사상은 인문학의 최고봉이며, 시인이라면 그러한 자부심을 가져도 된다는 것이다. 따라서 시인의 생각은 뭇사람들에게 성찰의 기회를 주며 때때로 감동을 선사한다. 사람이 살면 이렇게 사람답게 사람으로서 살아가야 할 길을 인도해 준다는 데 이의를 달 수 없다는 것이다.

시작(詩作)은 언제나 새로운 생각, 새로운 사고(思考)를 요구한다. 이른바 신사고는 새로운 생각과 연계되어 젊음을 낳을 수 있고 오늘을 살아가는 힘찬 길잡이가 될 수 있다. 오늘에 만족함이 없이 현대적 감각에 적합한 현대적 시대감각 즉 대안의 새로운 시각은 심오한 시를 연구함에서 비롯한다. 현실에서의 편안함, 안주, 무풍지대를 탐닉(耽溺)함은 시를 멀리하고 노화를 자초하는 구시대의 낡은 사고임이 확실하다.

시(詩作)와 자연은 언제나 한 몸이다.

자연은 시작에 가장 중요한 대상이고 매개체이다. 사람의 삶을 들여다보기보다는 자연과 함께 자연을 관찰함이 시작을 유발하고 시작에 유용한 여건을 조성해 준다. 자연을 보고 느끼고 감상하면서 떠오르는 시상(詩想)이 가장 순수하고 가장 아름다운 느낌일 것이라는 주장이다. 어느 때 어느 곳에서든지 자연을 보고 지나치지 않으면 그곳에는 우리의 삶이 있고 우리가 살아갈 수 있는 모든 것을 베풀고 있음을 본다.

시인은 자연을 바라보면서 지나치지 않는다. 사실 자연은 우리들의 삶을 지탱해 주고 인도해 주는 버팀목이자 안내자의 역할을 한다. 자연을 보고 느끼는 대로 있는 그대로 그려내면 그게 시이다. 더하여 그 자연을 보고 연상하고 비유하며 공감하는 내용도 그려내면 그게 바로 시이다. 또한 자연을 현재, 과거의 것과 미래의 예상되는 내용을 비교분석 해도 그게 깊이 있고 감각이 무거운 시가 될 수 있다.

시는 항상 자연과 함께 있고 더불어 같이 걸어가고 있음을 벗어나지 않는다.

따라서 시인은 외롭지 않고 외로울 수가 없다. 자연은 시적으로 무궁한 사색의 광장을 마련해 주고 자연은 사시사철 변화무쌍하므로 사색의 변화를 맛보게 해준다. 자연에 함몰되면 될수록 시상도 그만큼 풍족해질 수 있고 그에 따라 만족감을 가질 수 있다. 자연은 시인의 벗이요, 시인은 자연을 사랑하면 할수록 훌륭한 시인이 될 수 있다 하겠다. 유명한 시인의 사색은 자연으로부터 나온다는 주장을 부인할 수 없다.

시인(詩人)은 늘 건강하고 행복함을 느낀다.

시인은 항상 생각하고 느낀다. 자연을 보거나 사람을 대하든 그저 덤덤히 지나치는 경우가 드물다. 하루하루가 무료하지 않고 보람이 있다는 생각을 갖고 살아간다. 누구나 일상의 삶에서 보람을 찾기란 하늘의 별 따기 만큼 어렵다. 그 별을 나만은 매일매일 딸 수 있다는 가능성을 갖고 살면 행복하지 않을 수가 없는 것이다. 시인은 무엇보다도 책을 가까이해야 하고 독서를 즐겨야 한다. 이러한 독서 생활은 게으름과는 멀리하는 일상이다.

건강은 자신이 지킬 수 있고 자신이 잃어버릴 수 있는 양면성을 지닌다. 건강의 80%는 마음에서, 스트레스가 좌우한다는 것이 정설이다. 마음이 불안하거나 불만, 스트레스에 젖어 있다면 도저히 건강할 수가 없다. 시는 이러한 마음의 건강을 바로 지켜주는 데 큰 역할을 한다. 시를 좋아하고 시작을 즐김으로써 마음의 정화, 스트레스를 경감시키는 계기를 조성할 수 있다는 것이다. 무릇 성직자나 교수가 장수하는 것과 시인이 장수하는 것은 일맥상통하는 조건이라 하겠다. 나 자신 시를 쓰고 시를 감상하면서 만족감을 갖는 것은 나만의 '삶의 행복'이며 장수할 수 있다는 조건임이 맞다.